내 손으로 완성하는 **어린이 여행 플랩북**

나의 멋진 경주

이향안 글
안아영 그림

다락원

머리말

여행은 늘 설레고 가슴을 두근거리게 해요.
또 신나게 놀면서 배우는 최고의 경험이지요.
혹시 경주로 가족 여행을 떠날 계획을 세우고 있나요?
멋진 경주 여행을 꿈꾼다면『나의 멋진 경주』를 펼쳐 보세요.
여행이란 '아는 만큼 보이는 법'이거든요.
더 즐거운 여행을 위해 그곳의 역사와 문화, 자연환경 등을 미리 알아 두면
더 멋진 여행을 할 수 있답니다.

이 책은 다른 여행책과는 달라요. 빽빽한 일정과 맛집 정보들은 없지요.
우리를 경주로 데려다줄 기장님과 경주의 여행지들이
저마다의 경주를 소개한답니다. 한 장 한 장 책장을 넘기면
왜 석굴암이 최고의 인공 석굴인지, 경주 남산엔 어떤 보물들이 숨겨져 있는지,
첨성대에선 어떻게 별을 관찰했는지 알 수 있어요.

이제 가위와 풀을 꺼내어 사각사각 종이를 자르고 풀로 붙이며
경주 곳곳을 둘러보세요.

종이 속에 잠들어 있던 곳이 팝업으로, 플랩으로 살아 움직일 거예요.
석가탑과 다보탑이 세워지고, 귓가엔 은은한 종소리가 들리는 것 같기도 하지요.
직접 오리고 붙이고 세워서 만드는 활동을 통해
어느새 진짜 경주의 참모습을 알 수 있을 거예요.

자, 준비되었나요?
그럼 신비로운 도시, 경주로 멋진 여행을 떠나 볼까요?

이향안

차례

머리말 • 2

오리고 붙이며 경주를 여행하는 방법 • 8

만들기 전에 꼭! 알아 두자! • 9

키워드로 미리 보는 경주 • 10

경주 여행의 시작

기차와 고속버스 • 25

신라와 경주 • 26

신라와 박혁거세 • 28

경주 사투리와 숙소 • 29

경주의 봄 • 30

경주의 여름 • 31

경주의 가을 • 32

경주의 겨울 • 33

경주 역사 유적 지구 • 34

비단벌레 전기차 • 36

경주 역사 문화 탐방 스탬프 투어 • 37

아주 특별한 경주 여행지

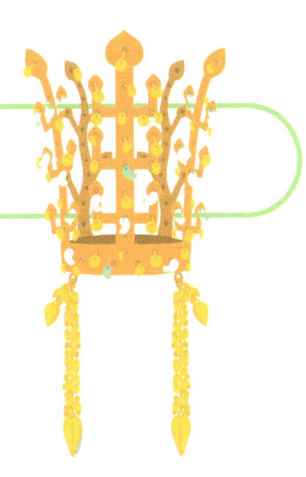

별을 관측하는 천문대 **첨성대** • 40

초승달을 닮은 궁궐터 **월성** • 42

닭 소리가 울려 퍼지던 숲 **계림** • 44

경주를 지키는 산성 **명활 산성** • 45

달빛이 아름다운 연못 **동궁과 월지** • 46

신라 역사의 타임캡슐 **국립 경주 박물관** • 48

신라의 소리 **성덕 대왕 신종과 신라대종** • 50

신라 왕들이 잠든 곳 **대릉원** • 52

박혁거세가 잠든 곳 **오릉** • 56

거북 비석이 지켜 주는 **무열왕릉** • 57

삼국 통일의 영웅 **김유신묘** • 58

화랑의 정신이 깃든 **화랑 마을** • 59

부처님의 나라 **불국사** • 60

신라 최고의 인공 석굴 사원 **석굴암** • 64

문인상과 무인상이 지키는 능 **괘릉** • 66

문무왕이 살아 숨 쉬는 절 **감은사지** • 68

상상으로 둘러보는 찬란했던 사찰 **황룡사지** • 70

선덕 여왕을 위한 절 **분황사** • 72

물길 따라 흐르던 술잔 **포석정지** • 74

지붕 없는 야외 박물관 **남산** • 76

우리나라 최대 전통 마을 **양동마을** • 78

만석지기 최부자를 만나는 마을 **교촌마을** • 79

진귀한 식물과 새들이 가득한 곳 **동궁원** • 80

경주 타워가 우뚝 솟은 **경주 엑스포 대공원** · 82

신라 과학 문화재를 탐구하는 **신라 역사 과학관** · 83

동해에 핀 꽃처럼 **양남 주상 절리 파도소리길** · 84

경주에서 가장 젊고 매력적인 길 **황리단길** · 86

먹거리와 특산물이 넘치는 시장 **경주 성동 시장** · 88

경주의 밤을 밝혀 주는 **경주 중앙 시장 야시장** · 89

꼭 먹어 봐야 할 **경주 음식** · 90

교외체험학습 신청서·보고서 잘 쓰는 법 · 94

가족과 함께 가면 좋은 추천 여행지 · 100

정답과 출처 · 102

저자 소개 · 103

이 책의 활용법
오리고 붙이며 경주를 여행하는 방법

준비물: 풀, 가위

⚠️ **주의해요!**
※ 가위는 날카로우니, 손을 다치지 않도록 항상 조심해요.
※ 종이에 손이 베이지 않도록 조심해요.
※ 풀은 필요한 곳에 사용하고 꼭 뚜껑을 닫아 놓아요.

하나 본 책과 만들기 책! 이렇게 두 권으로 구성되어 있어요. 먼저 본 책에서 여행지가 들려주는 진짜 경주 이야기를 읽어요!

둘 본 책에는 '쓰기', '색칠하기', '오려 붙이기', '스티커' 등 다양한 활동들이 들어 있어요.
※ 쓰기 활동 정답은 본 책 102쪽에 있어요.

✂️ **오려 붙이기**
박혁거세와 우물을 오려 붙여요.

🙂 **스티커**
세속오계를 스티커로 붙여요.

셋 활동에 필요한 것들은 만들기 책에서 오리거나 떼어 내어 다양한 플랩과 팝업을 완성할 수 있어요.

넷 다 완성하면 플랩을 여닫아 보고 팝업을 세워 가며 내가 만든 경주를 즐겁게 둘러보세요. 다 본 책은 플랩과 팝업을 내리고 보관해 두면 생각날 때마다 펼쳐 보며 오래 활용할 수 있어요.

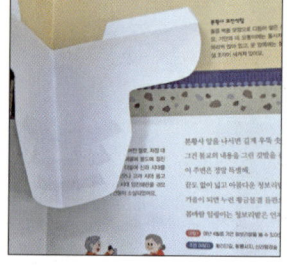

※ 혹시, 만드는 방법을 잘 모르겠다면 유튜브에서 다락원 동영상을 참고하세요!

만들기 전에 꼭! 알아 두자!

오리기 선은 얇은 실선으로 되어 있어요. 그림의 가장자리를 따라 가위로 오려요.

오리기 선 ─────

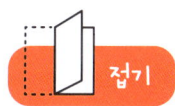

접기 선은 두 종류의 점선으로 되어 있어요. 안으로 접기 선과 밖으로 접기 선이 다르니, 주의해서 따라 접어요.

안으로 접기 선 - - - - - - - - - -

밖으로 접기 선 - - - - - - - - - -

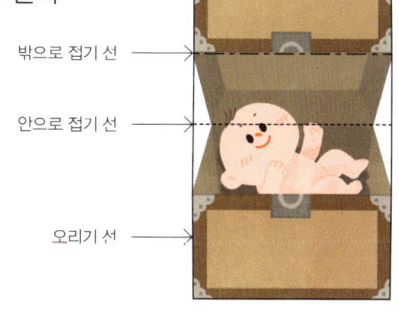

풀칠하는 면과 붙이는 면이 있어요. 빗금이 그어진 부분은 풀칠하고 붙이는 부분이니 알아 두세요. 풀칠할 부분이 여러 군데가 있다면 같은 표시끼리 맞춰 붙이면 돼요.

풀칠하는 면 풀칠해요
붙이는 면   붙여요

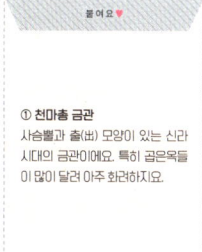

① 천마총 금관
사슴뿔과 출(出) 모양이 있는 신라 시대의 금관이에요. 특히 곱은옥들이 많이 달려 아주 화려하지요.

스티커는 떼어서 자유롭게 붙이거나 회색으로 된 그림자 부분에 붙여요.

키워드로 미리 보는 경주

#경상북도 경주시

경주시는 경상북도의 동남부에 있는 중소도시예요. 북동쪽으로 포항시, 서쪽으로 영천시, 남쪽으로 울산광역시, 동쪽으로 동해를 가까이 두고 있어요.

#면적

경주시의 전체 면적은 1,324.89km²로 우리나라 시 중 안동시 다음으로 두 번째로 커요. 4개의 읍, 8개의 면, 11개의 행정동, 305개 행정리가 있어요.

#분지

형산강 주변 평지에 도시가 만들어지고 그 주위는 산으로 둘러싸여 있어요. 남산, 단석산, 토함산 등 크고 작은 산들이 아주 많아요.

#날씨

분지 지형이라 여름이 몹시 더운 편이에요. 대구, 울산, 포항, 경산, 영천과 함께 전국에서 가장 뜨거운 도시로 손꼽히지요. 겨울은 다른 지역보다 덜 춥고 비나 눈이 잘 내리지 않아요.

#인구

2023년 6월 기준으로 경주의 인구는 24만 8,510명이에요. 인구순으로 봤을 때 경상북도 중 4번째이지만 계속 인구가 감소하여 인구 소멸 위험 지역으로 분류되고 있어요.

#경제

도시 곳곳에 신라 유적지가 많아 관광업이 발달했어요. 곳곳에 있는 유물과 유적 때문에 다른 산업은 발달하기 어려웠어요.

#역사 도시

천년 고도인 경주는 우리나라에서 역사가 가장 오래된 도시 중 하나예요. 신라 천 년의 역사가 고스란히 담겨 있어 명승고적이 많이 있어요.

#지붕 없는 박물관

신라의 역사 유적과 유물이 비교적 잘 보존되어 발길 닿는 곳이면 어디든 문화 유적지를 만날 수 있어요. 그래서 경주시 전체가 '지붕 없는 박물관'으로 불려요.

#경주 역사 유적 지구

2000년 12월 세계 유산으로 등재된 경주 역사 유적 지구는 다양한 유산이 산재해 있는 종합 역사 지구예요. 유적의 성격에 따라 모두 5개 지구로 나뉘어 있어요.

#유네스코 세계 유산

경주는 우리나라에서 가장 많은 세계 문화 유산을 보유한 도시예요. 불국사와 석굴암(1995년 등재), 경주 역사 유적 지구(2000년 등재), 양동마을(2010년 등재), 옥산서원(2019년 등재)까지 유네스코에 등재되었어요.

#불국사

토함산 서쪽 기슭에 있는 절로 김대성이 현세의 부모를 위해 지은 절이에요. 석가탑과 다보탑이 있으며 유네스코 세계 문화유산으로 등재되어 있어요.

#석굴암

토함산 동쪽 기슭에 있는 사찰 암자예요. 자연석을 다듬어 만든 인공 석굴로 불국사와 더불어 유네스코 세계 문화유산으로 등재되었어요.

#신라

신라는 '사로국'이라는 부족 국가로 시작했지만, 676년에 삼국을 통일했어요. 신라 수도는 경주로, 천 년의 역사 동안 한 번도 수도를 옮긴 적이 없어요.

#국보

'나라의 보물'이라는 뜻으로 나라에서 지정하여 법률로 보호하는 문화재를 말해요. 경주에는 국보인 문화재를 쉽게 볼 수 있어요.

#능과 총

경주는 신라 시대의 무덤이 아주 많아요. 능은 무덤의 주인이 왕인 무덤을 말해요. 총은 무덤의 주인이 밝혀지진 않았지만, 주요한 유물이 출토된 무덤을 말해요. 그리고 신라의 무덤은 땅에 구덩이를 파고 나무 덧널을 넣은 뒤 그 위를 돌로 덮고 다시 흙을 덮는 돌무지덧널무덤으로 지어졌어요.

#토우

흙으로 만든 사람이나 동물 인형을 말해요. 신라 토기에서 토우들을 잘 볼 수 있는데 신라인들의 생활상을 엿볼 수 있어요.

#해안

경주를 내륙 도시로 생각하는 사람들이 많지만, 경주는 동해에 접한 도시예요. 생각보다 많은 해수욕장을 갖추고 있답니다.

#주상 절리

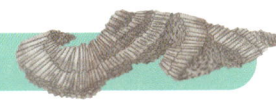

주상 절리는 화산 폭발로 뿜어진 용암이 차가운 바닷물을 만나 식으며 쪼개진 돌기둥을 말하는데 제주도뿐만 아니라 경주에서도 다양한 주상 절리를 볼 수 있어요.

#벚꽃

경주 곳곳에는 벚꽃 명소가 많이 있어요. 그중 보문정 일대와 대릉원 돌담길 등이 유명하지요. 불국사에는 겹벚꽃이 피어서 관광객들이 많이 찾고 있어요.

#경주 쌀

경주는 형산강 주변으로 평야가 발달했어요. 경주평야는 땅이 비옥하여 경북의 주요 곡창 지대예요.

#경주 빵

황남빵과 찰보리빵은 경주를 대표하는 빵이에요. 황남빵은 밀가루 반죽에 팥소를 넣은 빵이고 찰보리빵은 찰보리 가루 반죽을 납작하게 빚어 팥소를 넣은 빵이에요.

#황리단길

황남동 포석로 일대를 '황리단길'이라고 불러요. 전통 한옥과 맛집들이 어우러져 경주의 새 명소로 주목받고 있어요.

#경주 개 동경이

진돗개와 더불어 한국의 토종개예요. 동경이는 꼬리가 없거나 매우 짧은 것이 특징이에요. 문헌 기록상 가장 오래된 개이며 천연기념물로 지정되어 있어요.

치익~ 칙.
승객 여러분 안녕하십니까?
우리 열차는 곧 한국 최고의 역사 도시이자
문화 도시인 경주에 도착할 예정입니다.

☐ 승객님,

경주를 여행할 준비되셨나요?

경주는 경상북도와 경상남도 사이에 있는 도시예요. 북쪽으로는 포항과 남쪽으로는 울산과 맞닿아 있어요. 서울에서 출발하는 기차를 타면 약 2시간 정도 걸려요.

✏️ 쓰기

빈칸에 나의 이름을 써넣고 경주 여행을 시작해 보아요.

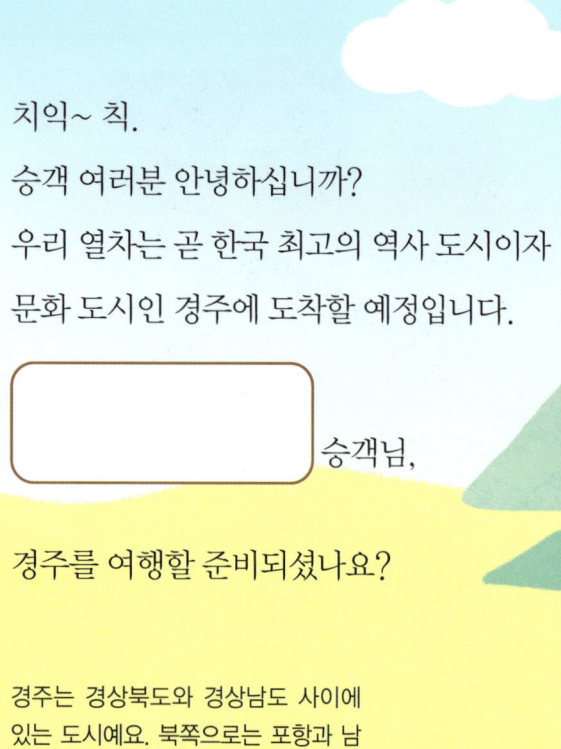

 접기

점선을 따라 뒤로 접으면 뒷장과 연결되어 경주가 완성돼요.

경주는 형산강이 흐르고, 토함산, 남산, 단석산, 구미산 등 높은 산으로 둘러싸여 있어요.

경주하면 무엇이 떠오르나요?
경주는 작은 도시이지만 알고 보면 대단한 도시예요.
천 년의 역사를 가진 신라의 오랜 수도였지요.
덕분에 아름다운 월지의 야경, 석굴암과 불국사, 첨성대 등
발길 닿는 곳마다 멋진 신라의 유적과 유물들을 만날 수 있어요.

경주는 신라의 오랜 도읍지로 곳곳이 신라 유적지예요. 그래서 '지붕 없는 박물관'으로 불리지요.

경주의 아름다움은 이것만이 아니에요.
자, 기대하세요.
신라를 고스란히 담은 타임캡슐 도시,
경주를 소개합니다.

접기

점선을 따라 앞으로 접으면 앞장과 연결되어 경주가 완성돼요.

경주는 KTX나 SRT 등 고속 열차를 타고 갈 수 있어요. 고속 열차를 타면 가장 빨리 경주에 도착하지요. 경주역에 내려서 버스나 택시를 타고 경주 시내로 이동할 수 있어요.

경주는 고속버스를 타고 오면 편리해요.
기차보다 시간은 오래 걸리지만 고속버스 터미널이
경주 시내와 가까워서 첨성대, 대릉원 등
관광지를 둘러보기가 수월해요.
또 터미널 근처에는 킥보드나 자전거 대여소가
있어서 자전거나 킥보드를 타고 경주를 느끼는
색다른 여행도 할 수 있어요.

경주역에서 경주 시내로 가려면 버스를 타고 약 30분 정도 들어가야 해요. 택시를 타면 약 15분 정도 걸려요.

경주로 가는 버스는 우등, 고속, 프리미엄이 있는데 프리미엄 고속버스가 있다면 이 버스를 타는 것을 추천해요. 터미널에 바로 도착하고 편리한 시설로 편안하게 올 수 있어요.

경주는 천 년 동안 신라의 역사를 고스란히 간직한 도읍지예요.

신라는 단 한 번도 도읍지를 옮기지 않았어요.

경주 곳곳엔 신라의 흔적을 느낄 수 있는 다양한 문화재가 넘쳐 나요.

그래서 사람들은 경주를 '지붕 없는 박물관'이라고 부르기도 해요.

천 년 전에는 경주를 '서라벌', '금성'이라고 불렀어요.

서라벌은 수도라는 뜻이었죠.

그 시절 이곳은 토양이 비옥하고 도로도 잘 정비된

아주 화려하고 아름다운 곳이었어요.

경주라는 이름은 고려 시대 때 와서야 불리게 되었지요.

쓰기

경주의 옛 이름을 써 보아요.

경주는 동쪽으로 토함산, 서쪽으로 선도산, 남쪽으로 남산, 북쪽으로 북형산 등 높은 산에 둘러싸여 있어요. 도시 가운데로는 형산강이 흐르지요.

바로, 이 산들과 강이 경주가 천 년이 넘도록 한 나라의 수도였던 이유랍니다.

덕분에 경주는 적의 침입으로부터 안전할 수 있었고

강이 흐르며 만들어 낸 비옥한 토지 때문에 먹을 것도 풍부했거든요.

어때요? 이 정도면 한 나라의 도읍지로는 최고의 조건이죠?

경주는 높은 산에 둘러싸인 분지예요. 경주 안으로는 크고 작은 하천들이 흘러 비옥한 평야를 이루었어요.

색칠하기
경주를 둘러싼 산을 색칠해요.

경주는 992년간 신라의 수도였어요.
경주의 역사는 곧 신라의 역사인 셈이지요.
신라가 없던 시절, 경주평야를 다스리던 여섯 부족의
촌장들은 마을을 다스려 줄 왕을 기다리고 있었어요.
그러던 어느 날 '나정'이라는 우물 옆에서 빛이 나길래 갔더니
흰 말이 알에 절을 하고 날아갔어요.
여섯 촌장은 알을 깨고 나온 아이인 박혁거세를
신라의 첫 왕으로 삼았지요.
이후 신라는 주변의 여러 나라를 통합하여 나라를 발전시켜 나갔고,
결국엔 676년 고구려와 백제를 병합하며 삼국 통일을 이루었어요.

신라에서 임금을 부르는 말

거서간(귀한 사람) → **차차웅**(신의 뜻을 전해 주는 사람) → **이사금**(나이가 많고 지혜로운 사람) → **마립간**(최고 우두머리) → **왕**

22대 지증왕 때부터 임금을 '왕'이라고 부르기 시작했고 나라 이름을 '신라'라고 하였어요.

오려 붙이기
박혁거세와 우물을 오려 붙여요.

박혁거세
박혁거세는 알에서 태어나 신라를 세운 첫 임금이에요. 신라는 박 씨, 석 씨, 김 씨가 번갈아 가며 왕위에 올랐어요.

경주 나정
경주의 첫 임금인 박혁거세가 태어났다고 전하는 장소예요. 이름대로 이곳에 우물이 있었다고 추정하고 있어요.

경주는 경상도 지역에 자리 잡고 있으며 경상도 사투리를 써요.
사실 경상도의 '경'은 경주를 의미해요.
경주는 경상도에 문화와 역사뿐만 아니라 말씨까지도
영향을 끼쳤어요.
하지만 너무 걱정하지 마세요! 살짝 억양이 다른 것뿐이니까요.

재밌는 경주 사투리

어서 오이소.	→ 어서 오세요.
가입시더.	→ 안녕히 가세요.
식사했는교?	→ 식사했습니까?
선나 꼽재기 주이소.	→ 아주 조금 주세요.
항금 주이소.	→ 가득 주세요.

경주에 도착해서 지내게 될 곳은 정해 두었나요?
경주는 오랫동안 사랑받는 관광지이다 보니
호텔과 리조트, 콘도, 펜션 등 다양한 숙소가 있어요.
좀 더 특별한 여행을 꿈꾼다면 한옥 호텔을 추천해요!
조용하고 고즈넉한 분위기의 한옥 호텔에서
신라의 옛 정취를 흠뻑 느껴 보세요.

여행+ 경주는 곳곳이 문화 유적이라 가까운 여행지는 자전거나 걸어서 이동하는 게 좋아요.

✂️ **오려 붙이기**
한옥 호텔의 문을 오려 붙여요.

경주의 봄은 벚꽃으로 유명해요.
도시 곳곳이 벚꽃으로 가득 피어나거든요.
4월이면 보문 관광 단지 호반길은
벚꽃 구경을 하러 온 관광객들로 넘쳐 나요.
특히 보문정의 벚꽃은 수양버들처럼 늘어져
호수와 맞닿을 것 같은 절경을 자아내지요.

벚꽃에 앞서 경주의 봄을 알려 주는 꽃이 또 있어요.
바로 매화와 산수유.
분홍빛을 띤 하얀 매화가 팝콘처럼 톡톡 터지고
노란빛의 산수유가 흐드러지게 피어나죠.
경주 엑스포 대공원은 대표적인 매화와 산수유 명소이니
경주 타워와 어우러진 절경을 꼭 사진으로 남겨 보세요.

벚꽃&유채꽃 명소
보문 호수 주변, 첨성대 주변, 대릉원 돌담길, 황룡원, 불국사 등

경주 엑스포 대공원
경주 타워가 우뚝 선 이곳은 줄곧 세계 문화 박람회를 개최한 곳으로 현재는 다양한 전시와 공연을 즐길 수 있는 명소예요.

 스티커

흩날리는 벚꽃잎을 자유롭게 스티커로 붙여요.

붙여요

송대말 등대
감포항 부근 암초들로 사고가 자주 일어나자 1955년에 세워진 무인 등대예요.

오려 붙이기
송대말 등대에서 보는 일출을 오려 붙여요.

모르는 사람이 많지만, 사실 경주는 바다와 붙어 있어요.
그래서 멋진 항구와 아름다운 해변도 정말 많지요.
가장 큰 감포항에선 경주에서만 볼 수 있는 송대말 등대를 꼭 들러 보세요.
문무왕의 은혜를 기리고자 감은사지 삼층 석탑 모습으로 탈바꿈했거든요.

여행+ 송대말 등대 아래에 빛 체험관도 있으니 꼭 관람해 보세요!

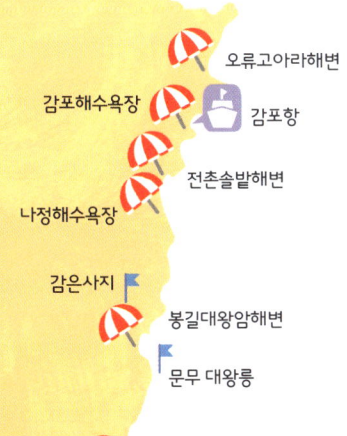

경주는 해수욕장도 다양해요.
탁 트인 해변에서 수영하며 신나는 여름을 즐길 수 있지요.
그중 오류고아라해변은 고운 모래 백사장과 얕은 수심으로
가족들과 물놀이하기에 좋아요.
주위에 소나무 숲이 있어서 캠핑과 야영을 즐길 수도 있지요.

여행+ 바나나 보트, 모터보트 등 해양 스포츠도 즐길 수 있어요.

오려 붙이기&스티커

신라문화제의 수상 무대를 오려 붙이고 불꽃놀이 스티커도 붙여요.

붙여요

월정교
통일 신라 시대 때 월성과 남산을 잇는 목조 다리로 2018년에 복원되었어요.

경주의 가을은 축제의 계절이에요.
도시 곳곳에서 다양한 문화 축제들이 화려하게 펼쳐지거든요.
10월에 열리는 '신라문화제'는
1962년부터 매년 열리는 경주를 대표하는 축제예요.
월정교를 중심으로 경주 곳곳에서 이색적인 행사가 열리지요.
신라 왕 추대식 재현, 진흥왕 행차, 마상무예* 공연 같은
옛 신라를 느낄 수 있는 공연들도 볼 수 있어요.
길거리에는 커버댄스, 버스킹 등 거리 예술 축제도 즐길 수 있답니다.
화려한 드론 쇼와 불꽃놀이는 경주의 밤하늘을 더욱 화려하게 만들죠.

*마상무예 : 말을 타며 선보이는 무술 시범

경주월드

경주는 겨울에 눈이 잘 내리지 않고 포근해요.
그래서 겨울 여행도 크게 불편하지 않지요.
눈이 드물게 오는 경주에서 눈을 보고 싶다면
경주월드의 스노우파크로 가 보세요!
하얀 눈도 보고 눈썰매도 신나게 타고!

새해를 경주에서 보내는 건 어떠세요?
새해 아침에 해돋이를 구경한다면 멋진 한 해가 될 거예요.
전촌항 해안가에 있는 전촌 용굴은 해돋이 장소로 유명해요.
네 마리의 용이 드나들었다는 동굴은 경관도 아주 멋지지만,
동굴 사이로 뜨는 해는 평생 잊지 못할 추억을 선물할 거예요.

경주월드 스노우파크
경주월드는 경주의 대표 놀이공원이에요. 이곳 스노우파크는 국내에서 가장 긴 250m의 슬로프를 가지고 있어요. 또 국내 유일의 리프트 시설을 갖추고 있어 편하게 눈썰매를 탈 수 있어요.

여행+ 일출 명소는 사룡굴이 유명해요. 단용굴은 찾아가는 길이 험하니 해파랑길을 따라 사룡굴에 가서 일출 보는 것을 추천해요.

전촌 용굴
용이 드나들었다는 전촌 용굴은 자연적으로 생긴 해식 동굴이에요.

색칠하기
해가 뜨는 하늘을 예쁘게 색칠해요.

여행 전에 경주 역사 유적 지구는 꼭 확인해 보세요!

경주는 천년 수도였던 만큼 신라의 뛰어난 유적들이 한곳에 모여 있어요.

유네스코는 그 가치를 인정해 2000년 12월에 세계 문화유산으로 등재하였어요.

경주 역사 유적 지구는 신라의 역사와 문화를 한눈에 파악할 수 있는데 유적의 성격에 따라 다섯 개의 지구로 나누어져 있어요.

색칠하기

점선을 따라 경주 역사 지구를 알맞은 색으로 색칠해요.

① **대릉원 지구**
신라 왕과 왕비, 귀족들의 무덤이 있는 곳이에요.
-미추왕릉, 황남대총, 천마총, 오릉 등

② **월성 지구**
신라의 궁궐이 있었던 곳이에요.
신라 왕조의 중심지였어요.
-월성, 첨성대, 계림, 월지 등

④ **남산 지구**
산 전체가 거대한 박물관이라고 불릴 만큼 신라 시대 유적이 많이 있는 곳이에요.
-나정, 포석정지, 남산리 삼층 석탑 등

천년 왕조의 궁궐터인 월성 지구, 신라 왕을 비롯한 여러 고분이 있는 대릉원 지구,
불교 미술의 보고인 남산 지구, 신라 불교의 정수인 황룡사 지구,
왕경 방어 시설의 핵심인 산성 지구로 말이지요.
경주 역사 유적 지구 말고도 또 다른 세계 문화유산인 불국사와 석굴암,
감은사와 대왕암이 있는 감포, 국립 경주 박물관도 있으니 빼먹지 말고 꼭 들러 보세요!

③ **황룡사 지구**
신라의 불교문화를 느낄 수 있는 곳이에요. 동양에서 가장 컸다는 절인 황룡사지가 있어요.
- 황룡사지, 분황사 모전석탑 등

⑤ **산성 지구**
산성은 능선을 따라 돌로 쌓은 성을 말해요. 신라 수도를 지키기 위한 모습을 살펴볼 수 있어요.
- 명활 산성

경주의 중요 유적지들을 순회하는 비단벌레 전기차도 있어요.
경주 역사 유적 지구를 출발하여 계림, 최부잣집, 월정교,
연꽃 단지를 거쳐 첨성대, 대릉원까지 둘러볼 수 있어요.
전기차를 타고 한 바퀴 휘 돌아보면 신라의 정취를 한껏 느낄 수 있어요.
신라 시대 때 비단벌레는 화려한 장식품을 만들 정도로 많았다고 해요.
그 옛날 월성과 계림 숲을 날아다닌 것처럼 비단벌레 전기차도
경주 곳곳을 누비기를 바라는 뜻에서 이렇게 이름 짓지 않았을까요?

여행+ 비단벌레 전기차는 하루에 11회 운행해요. 소요 시간은 35분 정도예요. 정해진 시간이 있으니 미리 예매해 두고 늦지 않도록 해요!

비단벌레
천연기념물로 멸종 위기종이에요. 몸빛이 반짝이고 아름다워서 이름에 '비단'을 붙였어요.

오려 붙이기
비단벌레 전기차를 오려 붙여요.

붙여요

역사탐방의 색다른 즐거움!! 경주 역사문화탐방 스탬프 투어

 경주 양동마을	옥산서원	 경주 김유신 장군 묘	 경주 무열왕릉
 경주 대릉원(천마총)	경주 첨성대	 경주 향교(교촌마을)	 경주 동궁과 월지(안압지)
 경주 분황사	 경주 오릉	경주 포석정지	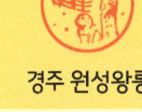 경주 원성왕릉
 동리 목월 문학관	 경주 불국사	 경주 석굴암	경주 감은사지

경주 역사 문화 탐방 스탬프 투어도 이용해 보세요.
16곳의 역사 문화 명소를 방문하고 스탬프를 찍는 여행이에요.
해설사 선생님의 설명을 듣고,
16곳의 스탬프를 받아 경주시청에 신청하면
선물도 받을 수 있는 여행!
짜잔~ 이게 바로 경주 역사 문화 탐방 스탬프 투어예요.

여행+ 문화 관광 해설 서비스는 매시간 정각에 해설을 시작해요.
이용 시간 10:00~17:00

스티커
경주 역사 문화 명소의 스탬프를 스티커로 붙여요.

스탬프는 문화 관광 해설사의 집에 스탬프 용지와 함께 비치되어 있어요. 문화 해설사가 근무하는 시간에 방문해야 해요.

이 정도면 경주 여행을 위한 기초 정보는 충분해요.
경주를 여행할 마음의 준비는 되었나요?
자, 지금부터 아주 특별한 경주 여행이 시작됩니다.
경주의 명소들이 여행 가이드로 직접 나섰거든요.
여러분은 지금부터 타임머신을 타고서 고대 신라로 떠나는 거예요.
역사와 전설이 가득한 아주 특별한 경주 여행!
그럼 모두 멋진 여행하시길 바랍니다.

별을 관측하는 천문대 첨성대

안녕? 난 동양에서 가장 오래된 천문대란다.
선덕 여왕 16년(647년)에 건립되었지.
신라 시대에도 별을 관측했다니 신기하지 않니?
나는 크고 높고 화려한 천문대는 아니야.
하지만 신라인들이 하나하나 돌을 쌓아 올려
소박하지만 단아한 아름다움을 가지고 있단다.
신라 사람들은 별을 관측하거나 하늘의 움직임을 관찰할 때,
또 길흉화복*을 점치고 제사를 지낼 때 나를 이용했지.
그만큼 난 신라 사람들에겐 중요하고 의미 있는 건물이었던 거야.
어때? 하늘을 향해 우뚝 솟은 내 모습이 멋지지 않니?

*길흉화복 : 좋은 일과 나쁜 일, 불행과 행운 등 인간 세상에서 일어나는 모든 일

스티커 밤하늘에 달과 별 스티커를 자유롭게 붙여요.

여행+ 첨성대는 천문대답게 야경이 아름답기로 유명해요. 야간 시티 버스를 타고 밤하늘을 둘러보세요.

주변 여행지 대릉원, 계림, 월성

난 1400년이 넘게 줄곧 이곳에 서 있어.
어떻게 지금까지 무너지지 않고 서 있는지 궁금하지 않니?
나의 비밀을 알려 줄게.
어서 와서 자세히 살펴보렴.

오려 붙이기

첨성대의 남은 부분을 오려 붙여 첨성대를 완성하고 내부를 확인해요.

첨성대를 이루는 돌의 개수는 361개이고, 음력 1년을 상징해요.

창문을 기준으로 위아래 12단은 12달을 의미해요. 위아래 모두는 24절기를 의미해요.

첨성대 안쪽은 흙을 채워 놓았어요. 안의 흙과 돌이 맞물려서 어떤 충격에도 쉽게 무너지지 않아요.

몸통은 27단으로 되어 있는데 이것은 27대 선덕 여왕을 의미하고, 꼭대기의 돌까지 합치면 28수의 별자리를 가리켜요.

붙여요

초승달을 닮은 궁궐터 **월성**

월성
경주시 인왕동에 있는 신라의 궁궐터예요. 예전에 임금이 살던 성이라 '재성'이라고도 했어요.

나는 아주 오랫동안 신라의 궁궐이 있던 곳이지.
지금은 그 터만 남아 있어서 그저 낮은 언덕처럼 보일 거야.
하지만 아직 남아 있는 낡은 성벽으로 이곳이 성이라는 걸 알 수 있지.
이곳은 초승달처럼 생겨서 사람들이 월성이라 부른단다.
동쪽으로는 동궁과 월지가, 북으로는 첨성대가,
남으로는 남천의 시냇물이 나를 둘러싸고 있어.
나의 북쪽엔 적의 침입을 막기 위한 물구덩이인 해자가 있었어.
얼마 전 이 해자가 복원되어 옛 모습을 되찾고 있단다.

조선 시대부터는 반달을 닮아 반월성이라고 불렀는데 최근까지도 이곳을 그렇게 불렀어요.

 **오려 붙이기**

월성 해자에서 사진을 찍는 가족을 오려 붙여요.

해자
적의 침입을 막기 위해 성 둘레에 파놓은 물구덩이예요. 월성에는 7곳의 해자가 있어요.

붙여요

월성에는 석빙고라는 곳이 있어. 그게 뭔지 아니?

겉모습은 잔디 언덕처럼 생겼지만,

사실은 무더운 여름에 왕을 위해 얼음을 보관했던 창고였어.

『삼국유사』에 보면 신라 시대 때부터 석빙고가 있었다고 해.

지금은 아쉽게도 조선 시대 때 만들어진 석빙고뿐이야.

그런데 냉장고도 없이 어떻게 얼음을 보관할 수 있었을까?

석빙고 속을 둘러보면 그 비밀을 알 수 있을 거야.

여행+ 얼음 창고인 석빙고는 내부가 시원해서 여름에 가면 더 좋아요.

주변 여행지 첨성대, 동궁과 월지, 국립 경주 박물관

석빙고
신라 시대 때 겨울에 채집한 얼음을 넣어 두던 창고였어요. 일종의 천연 냉장고지요. 경주 석빙고는 아쉽지만 조선 영조 때 만들어진 것이에요.

오려 붙이기
신라의 얼음 창고인 석빙고의 겉모습을 오려 붙여요.

① 환기통과 아치형 천장
더운 공기는 위로 빠져나가게 하고, 찬 공기는 안에서 맴돌게 해요.

② 왕겨와 짚
얼음이 서로 붙지 않게 해 줘요.

③ 잔디
햇볕에 온도가 오르는 걸 막아 줬어요.

④ 입구 날개 벽
안으로 찬바람이 들어가도록 해 줘요.

⑤ 살짝 기운 바닥
녹은 얼음물이 배수로로 잘 빠져나가도록 설계했어요.

⑥ 화강암으로 만든 내부
화강암을 써서 통풍이 잘되도록 했어요.

닭 소리가 울려 퍼지던 숲 — 계림

월성과 첨성대 사이를 걷다 보면 아주 오래된 숲이 있어.

그곳이 바로 나, 계림이야.

회화나무, 단풍나무, 버드나무 등의 고목들이 울창하게 자라 고즈넉한 숲을 이루지.

어쩐지 신비로운 이야기가 숨어 있을 것 같지 않니?

내가 계림으로 불리게 된 이유를 알려 줄게.

탈해왕 시절 하루는 숲에서 닭 소리가 들리고 불빛이 환하게 비추는 거야.

신하들이 가 보니 금궤 하나가 나무에 걸려 있고 흰 닭이 울고 있었어.

그 금궤를 열어 봤더니 총명하게 생긴 사내아이가 나왔지, 뭐야.

이 아이가 바로 훗날 경주 김씨의 시조가 된 김알지야.

이때부터 사람들은 '닭의 숲'이란 뜻으로 나를 '계림'이라 부르게 되었지.

여행+ 오랜 세월 멋있게 자란 고목을 구경하는 것도 큰 재미예요. 참! 벤치가 없으니, 돗자리를 챙겨요!

주변 여행지 대릉원, 첨성대, 월성, 교촌마을

계림
계림은 신라 건국 때부터 있던 숲으로 계림으로 불리기 전에는 시림(始林)으로 불렸어요.

오려 붙이기
금궤를 오려 붙이고 김알지를 확인해요.

김알지
김알지는 금궤에서 나와 성을 '김'으로 하였고, 아기라는 뜻의 '알지'를 이름으로 삼았어요.

붙여요

경주를 지키는 산성 — 명활 산성

난 적으로부터 경주를 지켜 주던 명활 산성이야.
지금은 '경주 명활성'으로 이름이 바뀌었지.
경주에는 사방에 수도를 방어하기 위한 산성이 여러 개 있었는데,
그중에서도 가장 대표적인 산성이 바로 나야.
처음에는 흙으로 성을 쌓았지만,
나중에는 튼튼한 돌성으로 고쳐 쌓았어.

신라의 수도였던 경주는 왜구가 주로 침입해 오는 길인 동해와 붙어 있어요. 그 때문에 동해와 경주 시가지 사이 요충지에 산성을 만들어 왜구 침입에 대비했어요.

여행+ 명활 산성에서 진평왕릉으로 가는 한적하고 아름다운 둘레길도 꼭 걸어 보세요.

주변 여행지 진평왕릉, 보문호

명활 산성
경주의 동쪽 명활산 꼭대기에 자연석을 이용하여 만든 약 6km의 신라 산성이에요.

여기 명활산성작성비를 봐.
산성을 쌓는 공사 내용과 지방 관리, 실무자,
심지어 비문을 작성한 사람의 이름도 빽빽하게 적혀 있어.
이걸 보면 얼마나 많은 사람이 힘을 모아서
만든 산성인지 알 수 있지.

 오려 붙이기

명활산성작성비를 오려 붙여요.

명활산성작성비
진흥왕 12년에 만든 비석이에요. 명활 산성에 관한 내용이 적혀 있는데 지금은 국립 경주 박물관에 보관되어 있어요.

붙여요

45

달빛이 아름다운 연못

동궁과 월지

오려 붙이기

동궁과 월지의 밤의 모습을 오려 붙여 야경을 감상해요.

나는 동궁과 월지라고 해.
경주에서 야경이 제일 예쁜 곳이지.
동궁은 월성의 별궁으로 태자가 살던 곳이야.
월지는 달이 비치는 연못이라는 뜻인데,
이름처럼 달빛이 비치는 밤이면 정말 아름답단다.

여행+ 동궁과 월지의 이용 시간은 9시부터 21시 30분까지예요.
22시에는 자동으로 불이 꺼지니 그전에 꼭 들러 야경을 구경하세요!

주변 여행지 분황사, 황룡사지, 월성

나라의 경사가 있을 때나 귀한 손님이 오시면
왕들은 이곳에서 연회를 베풀었어.
특히 문무왕은 신라의 높은 문화 수준을 알리려고
어디에서 보아도 바다처럼 보이는 인공 연못을 만들었단다.

동궁과 월지
통일 신라 시대 때 지은 궁궐로 수십 개의 전각이 있었지만, 지금은 3곳만 복원되었어요. 월지는 인공 연못으로 신라 시대 정원의 모습을 알 수 있는 대표적인 곳이에요.

또 연못 가운데에는 인공 섬을 만들어
아름다운 꽃과 나무를 심고 진귀한 새와 짐승을 길렀지.
1975년에는 왕과 귀족들의 놀이 주사위인 주령구가
발굴되기도 했단다.

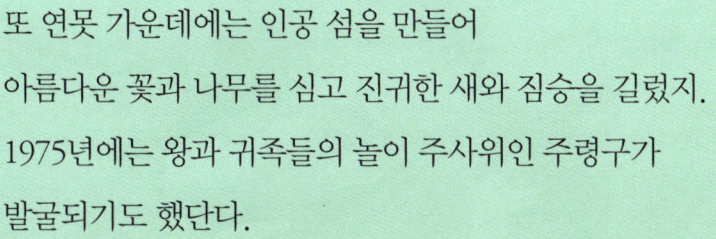

주령구
주령구는 신라 왕과 귀족이 연회에서 쓰던 놀이 도구예요.

월지에는 기러기, 꿩, 산양, 호랑이, 앵무새 등 진귀한 동물들이 살았어요.

스티커
월지에 노니는 진귀한 동물을 스티커로 붙여요.

> 신라 역사의 타임캡슐

국립 경주 박물관

신라의 역사와 문화에 대해 자세히 알고 싶다고? 그럼 나, 국립 경주 박물관으로 오렴.

여행+ 어린이 박물관도 있으니 잊지 말고 꼭 둘러보세요!

주변 여행지 월성, 동궁과 월지, 황룡사지

장식 보검
흑해 연안에서 만들어져 신라에 들어온 것으로 당시 신라가 먼 서쪽 나라들과 교류했단 걸 알려 줘요.

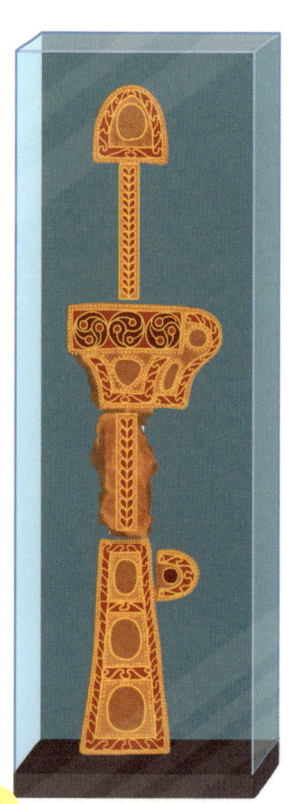

얼굴 무늬 수막새
웃는 얼굴이 새겨진 수막새 기와로 '신라의 미소'라고 불려요.

토우 장식 항아리
점토로 빚은 인물상을 토우라고 해요. 사람뿐만 아니라 뱀, 개구리, 거북이, 고래 등 다양한 토우를 확인할 수 있어요.

이곳은 신라의 역사와 문화를 살펴볼 수 있는 신라 역사관,

불교와 관련된 유물을 볼 수 있는 신라 미술관,

월지에서 출토된 유물이 있는 월지관, 성덕 대왕 신종이 있는 옥외 전시장 등이 있어.

나를 모두 둘러보려면 하루가 꼬박 걸릴 만큼이나 유물과 유적이 많지.

그럼, 나의 대표 유물을 구경하며 신라 시대로 시간 여행을 떠나 볼까?

여행+ 국립 경주 박물관은 10시부터 운영을 하니 너무 일찍 가지 않도록 해요. 그리고 신라 역사관 내부에는 화장실이 없으니 꼭 미리 화장실에 다녀오세요.

국립 경주 박물관의 대표 유물을 스티커로 붙여요.

금동 약사여래 입상
경주 백률사의 불상으로 두 손은 없어졌지만, 뛰어난 예술성으로 통일 신라를 대표하는 3대 금동 불상으로 손꼽혀요.

금동 초심지 가위
초나 등잔의 심지를 자를 때 쓰는 가위예요. 화려한 넝쿨 모양 무늬로 보아 화려했던 궁중 생활을 엿볼 수 있어요.

이차돈 순교비
불교 공인을 위해 순교한 이차돈을 위한 비석이에요. 순교 기록과 장면이 새겨져 있어요.

성덕 대왕 신종
높이 375cm, 지름 227cm, 무게 18.9톤이나 되는 우리나라에서 제일 큰 종으로 국보예요. 국립 경주 박물관 옥외 전시관에 자리 잡고 있어요.

> 신라의 소리

성덕 대왕 신종과 신라대종

난 성덕왕의 공덕을 알리기 위해 만들어졌단다.

예전엔 아기 울음소리 '에밀레'를 본떠 '에밀레종'이라고 불리었지.

난 신라의 소리라고 불릴 만큼 아름다운 소리를 가졌단다.

맑고 깨끗한 소리에, 은은하고 길게 퍼지는 종소리는

마치 살아 움직이는 듯하지.

내 소리를 들어 보고 싶다고? 그건 좀 곤란해.

1,200여 년 동안 서라벌을 울려 왔던 난,

2003년 개천절 타종을 마지막으로 더 이상 울리지 않게 되었거든.

그래도 국립 경주 박물관으로 나를 만나러 꼭 와 줄 거지?

붙여요

여행+ 국립 경주 박물관에 가면 성덕 대왕 신종의 녹음된 종소리를 들을 수 있어요.

주변 여행지 월성, 월정교, 교촌마을

신라대종
높이 366cm, 무게 20.17톤으로 성덕 대왕 신종의 가치와 정신을 그대로 고증한 종이에요. 대릉원 근처에 자리 잡고 있어요.

하지만 진짜 종소리를 들을 수 있는 곳도 있어.

바로 대릉원 근처에 있는 신라대종!

신라대종은 현대 과학 기술로

나를 철저히 연구하여 그대로 재현한 종이야.

크고 우아한 모양과 맑고 은은한 소리가 나와 아주 비슷하단다.

특별한 날엔 신라대종의 종소리를 직접 들을 수도 있단다.

신라대종 타종 체험도 하고 있으니 한번 신청해서

신라대종의 웅장한 소리를 들어 보지 않을래?

여행+ 신라대종 타종 체험 신청은 경주 문화 관광 사이트에 가서 신청할 수 있어요. 하루에 6팀만 신청 가능하니 서두르세요!

주변 여행지 대릉원, 황리단길, 금관총

붙여요 ★

오려 붙이기

성덕 대왕 신종을 오려 붙여요.

신라 왕들이 잠든 곳 — 대릉원

경주 시내에 봉긋봉긋 솟아난 왕릉이 보이니?
나는 신라 왕들과 귀족들이 잠든, 대릉원이야.
이 넓은 땅에는 23기의 신라 시대 고분들이 모여 있단다.
그중에서 눈여겨볼 고분은 신라 제13대 미추왕의 무덤인 미추왕릉과
거대한 낙타 등처럼 보이는 황남대총,
고분 내부를 들여다볼 수 있는 천마총이야.
『삼국유사』엔 신라가 침략당했을 때 어디선가 머리에 댓잎을 꽂은
병사들이 나타나 적을 무찌르고 사라졌다는 이야기가 기록되어 있어.
나중에 보니 미추왕릉 앞에 댓잎이 수북이 쌓였던 일도 말이야.
지금도 미추왕릉 근처에는 대나무가 무성히 자라고 있단다.

스티커
미추왕릉 앞에 떨어진 댓잎을 스티커로 붙여요.

미추왕릉
미추왕릉은 대릉원 고분 중 유일하게 고분 주인이 알려진 능이에요. 미추왕은 김알지의 7대손으로, 신라 최초의 김씨 임금이었어요.

황남대총은 두 고분이 낙타의 등처럼 굴곡져 남북으로 이어져 있어.

이곳은 누구의 무덤인지 정확히 알 수 없지만 수많은 국보와 보물이 발견되었지.

대표적인 신라 유물인 신라 금관과 금제·은제 관식, 금제 허리띠도 여기서 발굴되었어.

출토된 유물로 봐서 남쪽 무덤은 왕, 북쪽 무덤은 왕비의 무덤으로 추정하고 있어.

경주에서 가장 크고 멋진 고분인 만큼 그 주변도 아주 아름다워서 포토존으로 유명해.

황남대총 앞에 서 있는 목련 앞에서 인생 사진을 남겨 보는 건 어떨까?

여행+ 목련꽃이 피는 3월~4월 초에 방문해서 기념사진을 찍어 보세요.
꿀팁은 4시~5시 사이에 가면 그늘 없이 사진을 찍을 수 있어요.

오려 붙이기

황남대총 앞에 있는 목련을 오려 붙여요.

황남대총
황남대총은 두 개의 큰 봉분이 남북으로 이어진 경주에서 가장 큰 돌무지덧널무덤이에요.

고분 이름을 구분하는 방법

고분을 보면 어떤 것은 '능', 어떤 것은 '총', 어떤 것은 '분'이라고 해요.
능 무덤의 주인이 왕인 무덤
총 무덤의 주인이 밝혀지진 않았지만, 주요한 유물이 출토된 무덤
분 아직 발굴되지 않았거나 혹은 특별한 유물이 발견되지 않은 무덤

붙여요

무덤 중엔 아직 주인이 밝혀지지 않은 무덤들이 아주 많아.

천마총도 발굴하기 전엔 이름 없는 155호 고분으로 불렸었지.

자작나무 껍질에 하늘을 나는 하얀 말이 그려진 말다래*가 출토되면서

말다래는 '천마도', 무덤은 '천마총'이라 부르게 되었어.

그런데 천마총은 어떻게 도굴을 피할 수 있었던 걸까?

그 이유는 신라인들의 무덤 양식 덕분이래.

돌무지덧널무덤으로 단단하게 지어져서 유물을 지킬 수 있었던 거지.

자, 천마총으로 들어가서 같이 천 년 전 왕의 무덤을 살펴보도록 해.

* **말다래** : 말을 탈 때 진흙이 튀지 않도록 안장 양쪽에 늘어뜨려 놓은 기구

 천마총은 경주에서 유일하게 내부를 볼 수 있는 고분이니 꼭 들러 보세요!

주변 여행지 황리단길, 신라대종, 경주 쌈밥 거리, 첨성대

천마총
천마총은 대릉원 서북쪽에 위치하는 신라 시대 왕릉급 고분이에요. 신라의 대표적인 무덤 형식인 돌무지덧널무덤으로 만들어졌는데 지름 약 47m, 높이 12.7m의 대형 고분으로 신라 시대 지배자의 권위를 알 수 있지요.

돌무지덧널무덤
돌무지덧널무덤이란 덧널을 만들어 시신을 안치하고, 돌을 쌓은 뒤에 흙으로 덮은 무덤이에요.

오려 붙이기

천마총 외부를 오려 붙여요.

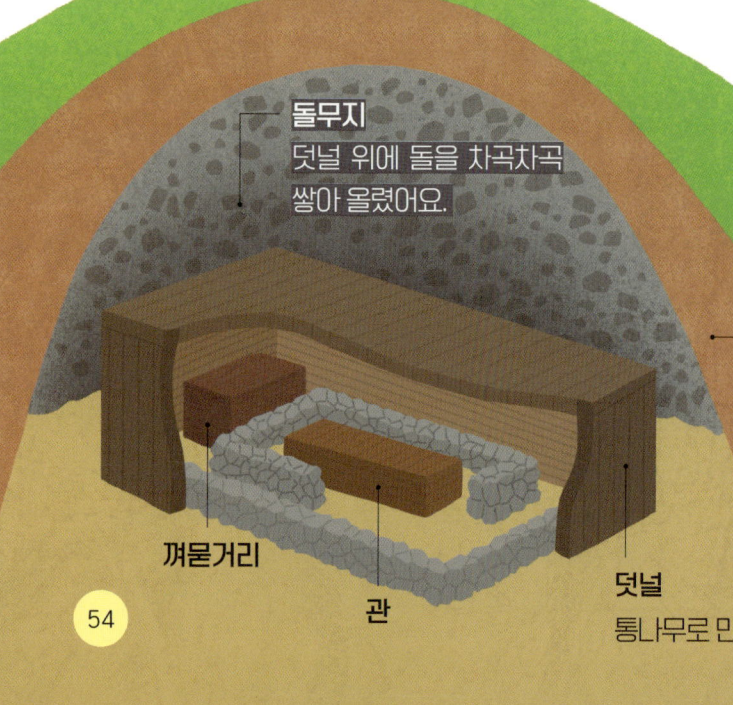

돌무지 덧널 위에 돌을 차곡차곡 쌓아 올렸어요.

흙 흙을 올리고, 흙이 빗물에 씻겨 내려가지 않도록 잔디를 심었어요.

껴묻거리

관

덧널 통나무로 만들어 관과 껴묻거리 등을 넣어요.

천마총으로 들어가면 출토된 여러 유물을 모형으로 재현해 놓았어.
진짜 유물은 국립 경주 박물관으로 옮겨 놓았지.
천마총에서는 천마도, 금관, 금모, 무기 등 11,500여 점의
귀한 유물이 출토되었대. 이 중 4점은 국보로, 6점은 보물로 지정되었어.

 오려 붙이기

천마총에서 출토된 유물을 설명에 맞게 오려 붙여요.

붙여요 ♥

① 천마총 금관
사슴뿔과 출(出) 모양이 있는 신라 시대의 금관이에요. 특히 곱은옥들이 많이 달려 아주 화려하지요.

붙여요 ★

② 천마도
발에 구름을 달고 날아오르는 듯한 천마(흰 말)를 그린 그림이에요. 신라의 몇 안 되는 회화 작품이라 국보로 지정되었어요.

붙여요 ●

③ 천마총 금제 허리띠
구름 모양 허리띠에 생명을 상징하는 곱은옥, 풍요로움을 상징하는 물고기 등 13개의 장식이 달려 있어요.

붙여요 ▲

④ 천마총 금제 장식
금관 안에 쓰였을 새 모양의 장신구예요. 죽은 영혼이 하늘로 올라가기를 바라는 마음이 담겨 있어요.

붙여요 ■

⑤ 천마총 관모
금관과 함께 지배자의 위상을 나타내요. 머리에 쓴 천에 꿰매 고정한 후 썼던 것으로 보여요.

박혁거세가 잠든 곳 — 오릉

남산으로 가는 길목에 산책하기 좋은 곳 추천해 줄까?

그곳은 바로 나, 오릉이야.

다섯 개의 무덤이 있어서 오릉이라고 해.

신라의 시조인 박혁거세가 잠들어 있는 곳이지.

또 그의 부인 알영부인과, 2대 왕 남해 차차웅, 3대 왕 유리 이사금,

5대 왕 파사 이사금의 능도 이곳에 모여 있어.

그러니 경주에 왔다면 나를 꼭 보고 가야겠지?

타박타박 오릉을 한 바퀴 걸으며

조용히 신라를 시작한 인물들을 생각해 보길 바라.

여행+ 오릉은 푸른 잔디와 나무가 우거져 있으니 느긋한 여행을 하고 싶다면 돗자리를 가지고 잠시 휴식을 취해 보세요.

주변 여행지 교촌마을, 황리단길

『삼국유사』에 보면 박혁거세의 시신이 하늘로 올라갔다가 7일 만에 흩어져 떨어졌는데 사람들이 같이 묻으려고 하자 큰 뱀이 방해하여 다섯 개의 능에 나누어 묻었다고 해요. 그리곤 뱀 사(蛇) 자를 써 이곳을 '사릉'이라고 불렀지요. 사릉은 오릉의 또 다른 이름이에요.

스티커
오릉을 스티커로 붙여요.

오릉 동쪽에는 박혁거세의 위패를 모시는 숭덕전이 있어요.

오릉

숭덕전

거북 비석이 지켜 주는 무열왕릉

난 무열왕, 김춘추가 잠든 곳이란다.
김춘추는 최초의 진골 출신 왕으로,
김유신 장군과 힘을 합쳐 삼국 통일의 발판을 마련했지.
하지만 내 모습은 왕릉이라고 하기엔 소박하고 아담해서
처음엔 아무도 김춘추의 무덤인지 몰랐대.
내가 태종 무열왕의 능이란 사실을 밝혀준 건 바로
왕릉 앞에 있는 거북이 모양의 태종무열왕릉비 덕분이었어.
비록 가운데에 있어야 할 비신은 사라졌지만,
이수 부분 가운데에 '태종무열대왕지비'라는 여덟 글자가 새겨져 있었거든.

무열왕릉
신라 제29대 왕으로 김춘추의 무덤이에요. 이곳에는 왕비였던 문명왕후(김유신 장군의 여동생)도 함께 묻혀 있어요.

오려 붙이기
태종무열왕릉비를 오려 붙여요.

비석의 구조

- 이수 : 용을 새겨 장식한 머릿돌
- 비신 : 글씨를 새기는 부분
- 귀부 : 거북 모양의 받침돌

태종무열왕릉비
국보로, 비록 비신은 없지만 신라 시대의 조각 솜씨를 엿볼 수 있는 최고의 걸작이에요.

붙여요

김유신 장군 묘

삼국 통일의 영웅 김유신묘

주변 여행지 금관총, 경주 중앙 시장, 경주 읍성, 대릉원

나는 김유신 장군이 잠드신 곳이야.
김유신 장군은 무열왕과 함께
신라가 삼국을 통일하는 데 큰 역할을 하셨어.
그래서 그런지 나는 왕릉 못지않게 크고 화려하단다.
무덤 주위를 두르는 돌에 새겨진 십이지신은
마치 김유신 장군을 지키는 호위 무사 같지 않니?

십이지신
땅을 지키는 12명의 수호신으로 쥐, 소, 호랑이, 토끼, 용, 뱀, 말, 양, 원숭이, 닭, 개, 돼지의 얼굴을 하고 있어요.

 스티커

십이지신을 스티커로 붙여요.

쥐	소	호랑이	토끼	용	뱀

말	양	원숭이	닭	개	돼지

화랑의 정신이 깃든 화랑 마을

'화랑'은 꽃처럼 아름다운 사내란 뜻처럼
외모가 단정하고 문무가 출중한 인재가 모여
심신을 수련하는 단체였단다.
화랑들은 반드시 지켜야 하는 다섯 가지 규율이
있는데 이를 '세속오계'라고 해.
이 다섯 가지 규율은 훗날 화랑의 정신으로 남게 되었지.
나에게 놀러 오면 화랑 전시관과 호국 야영장,
한옥 체험관인 육부촌, 또 국궁 체험장까지 둘러볼 수 있어.
이곳에서 화랑의 정신과 문화를 흠뻑 느껴 보길 바라!

여행+ 7월과 8월에는 문무 야외 수영장에서 수영도 할 수 있어요.

주변 여행지 경주 국립 공원, 도리마을 은행나무숲, 정글의 법칙 미디어피크

 스티커

세속오계를 스티커로 붙여요.

화랑 마을
화랑의 정신과 문화를 이어받은 경주시에서 운영하는 청소년 수련 시설이에요.

부처님의 나라 불국사

난 경주에서 가장 높은 토함산 서쪽에 자리 잡은 절인 불국사야.
'불국'이란 '부처님의 나라'라는 뜻이지.
그만큼 신라 시대의 불교문화를 한 몸에 느낄 수 있는 곳이란다.
석굴암과 더불어 그 아름다움을 인정받아
우리나라에서 처음으로 유네스코 세계 문화유산으로 지정되었어.

여행+ 무료 해설은 10시부터 매시간 들을 수 있으니, 전문 해설사와 즐거운 역사 여행을 떠나 보세요.
10:00/11:00/13:00/14:00/15:00/16:00

 스티커
불국사 현판을 스티커로 붙여요.

연화교·칠보교
연화교에는 연꽃무늬가 있는데 밟는 사람이 극락왕생하기를 바라는 염원이 담겨 있어요.

청운교·백운교
청운교는 푸른 구름다리라는 뜻이고, 백운교는 흰 구름다리라는 뜻이에요.

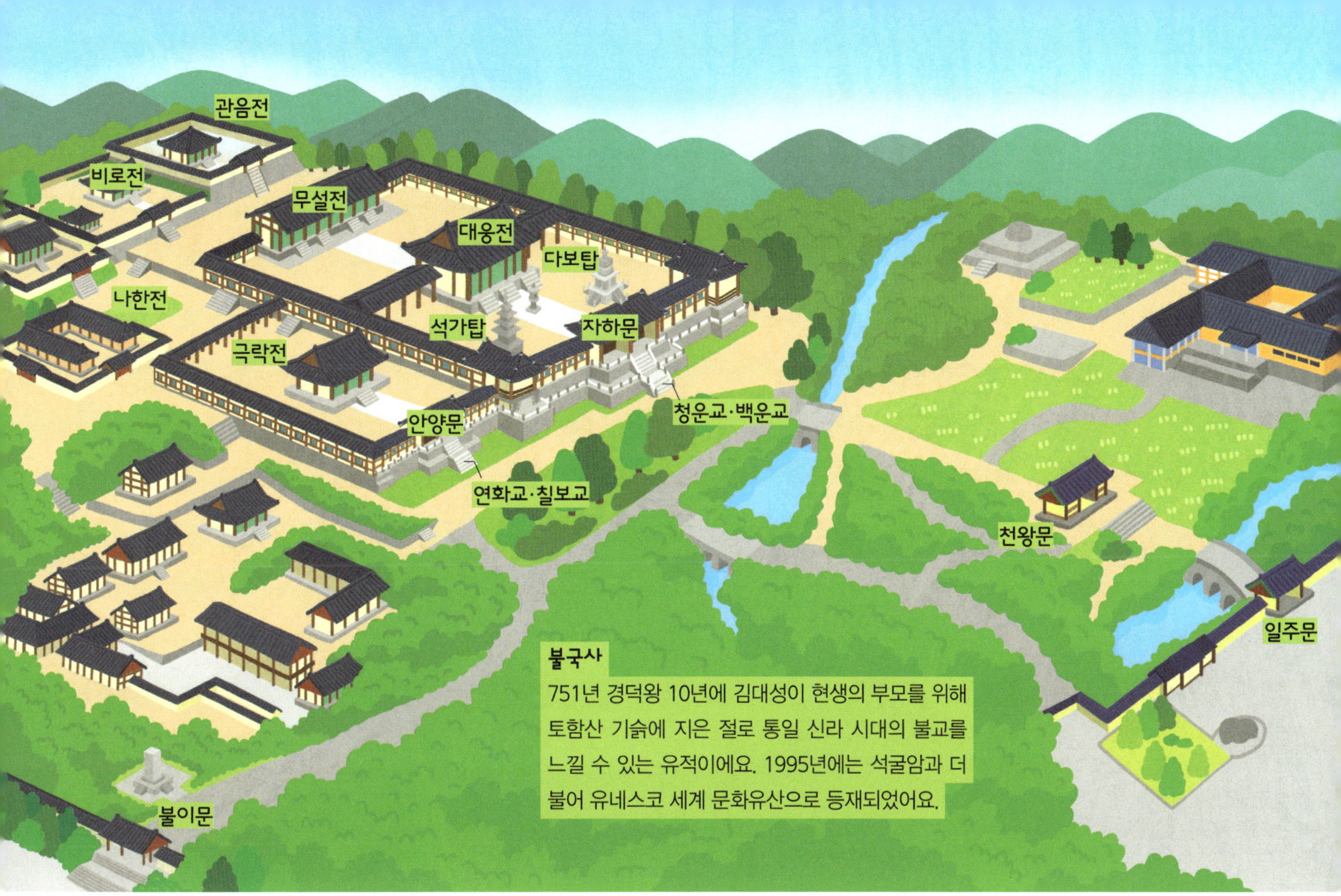
관음전
비로전
무설전
대웅전
다보탑
나한전
석가탑
자하문
극락전
청운교·백운교
안양문
연화교·칠보교
천왕문
일주문
불이문
불국사
751년 경덕왕 10년에 김대성이 현생의 부모를 위해 토함산 기슭에 지은 절로 통일 신라 시대의 불교를 느낄 수 있는 유적이에요. 1995년에는 석굴암과 더불어 유네스코 세계 문화유산으로 등재되었어요.

불국사 안으로 들어가려면 34개의 돌계단을 지나쳐야 해.
그런데 이 돌계단이 사실 다리라는 거 알고 있니?
정운교, 백운교라고 불리는 이 다리는
부처님의 세계로 건너간다는 의미를 담고 있어.
동쪽에 청운교와 백운교가 있다면
서쪽엔 극락전으로 가는 연화교와 칠보교도 있어.
극락전에 들어가면 현판 뒤 숨은 복돼지를 찾아볼래?
뜰에는 황동 멧돼지상도 만들어 놓았으니
한번 쓰다듬고 복을 빌어 봐!

극락전
황동 멧돼지상

여행+ 불국사에서 석굴암에 가려면 차로 20분, 도보로 50분이 걸려요. 셔틀버스도 있으니 이용해 보세요.

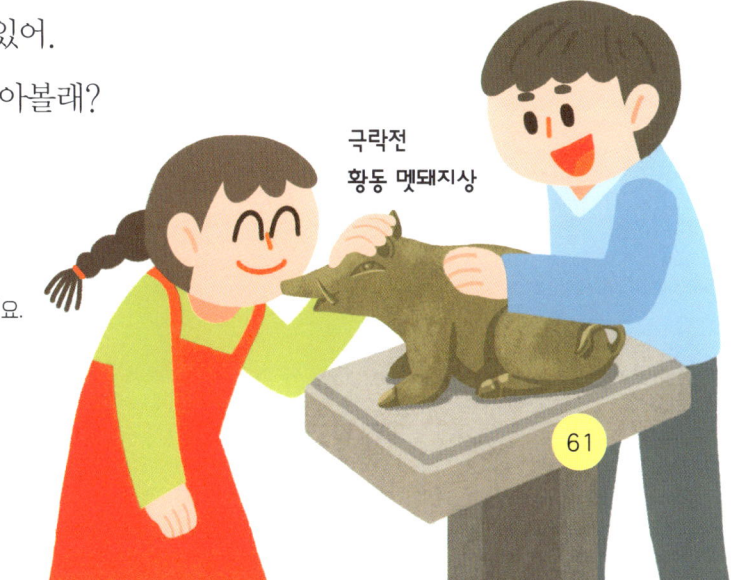

자하문을 지나면 석가모니불을 모시는 대웅전이 있어.
대웅전 앞뜰에는 불국사를 대표하는 두 탑이 있단다.
바로 석가탑과 다보탑이야.
석가탑의 정식 이름은 '불국사 삼층 석탑'이야.
대웅전의 서쪽에 자리 잡고 있는데
그 모습이 단아하면서 세련되어 우리나라를 대표하는 탑이 되었지.
참 그거 알고 있니?
석가탑 속에서 세계에서 가장 오래된 목판 인쇄물인
『무구정광대다라니경』이 나왔다는 사실을.

오려 붙이기

대웅전과 석가탑, 다보탑을 오려 붙여요.

석가탑
석가여래를 상징하는 탑으로 간결하고 단아한 아름다움이 돋보여요.

대웅전
세상을 밝히는 큰 영웅인 석가모니를 모시는 절의 중심 건물이에요.

다보탑은 동전에서 본 적이 있다고?
10원짜리 동전에 있는 탑이 바로 다보탑이거든.
다보탑은 대웅전 동쪽에 자리 잡은 탑인데
독창적이고 아주 화려하단다.
그리고 계단 윗부분에는 돌사자 4마리가 다보탑을 지켰는데
지금은 1마리만 남아 있어.
불국사엔 대웅전 외에도 극락전과 비로전 등 볼 곳이 아주 많아.
이 세 곳을 꼼꼼히 봤다면 신비의 불국을 제대로 구경한 셈이지.

붙여요 ★

붙여요 ▲

다보탑
보석으로 치장한 다보여래를 상징하는 탑으로 화려한 아름다움이 돋보여요.

석굴암

석굴암은 김대성이 전생의 부모를 위해 토함산 동쪽에 지은 곳이에요. 23년에 걸쳐 완성되었는데 1995년 세계 문화유산으로 지정되었어요.

신라 최고의 인공 석굴 사원 석굴암

난 토함산 동쪽에 있는 우리나라 대표 석굴 사원이란다.
신라인들이 하나하나 돌을 깎고 끼워서 만든 인공 석굴이지.
실제로 보면 크고 웅장한 규모와 정교함에 깜짝 놀랄 거야.
하나씩 끼워 맞춘 아치형 지붕을 보면 신라인들의 지혜에 감탄하고
부처님에 대한 존경심을 느낄 수 있단다.
나는 유네스코 세계 문화유산으로 등재되었는데
신라 불교문화의 아름다움을 보여 주는
최고의 걸작으로 평가받고 있어.

여행+ 석굴암 매표소 올라가는 길에 통일대종을 만날 수 있어요.
종을 울리는 사람은 고민과 괴로움이 사라진다고 하니 체험해 보세요.

주변 여행지 불국사, 석굴암 전망대, 토함산

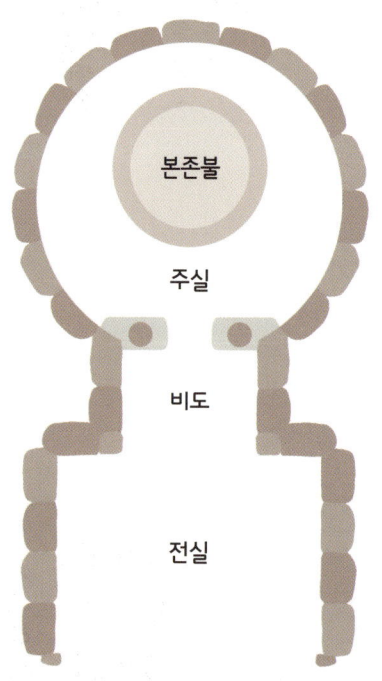

석굴암은 전실, 비도, 주실로 나뉘어 있고 본존불은 주실에 놓여 있어요. 전실은 땅을, 주실은 하늘과 우주, 비도는 두 곳을 연결하는 통로를 상징해요.

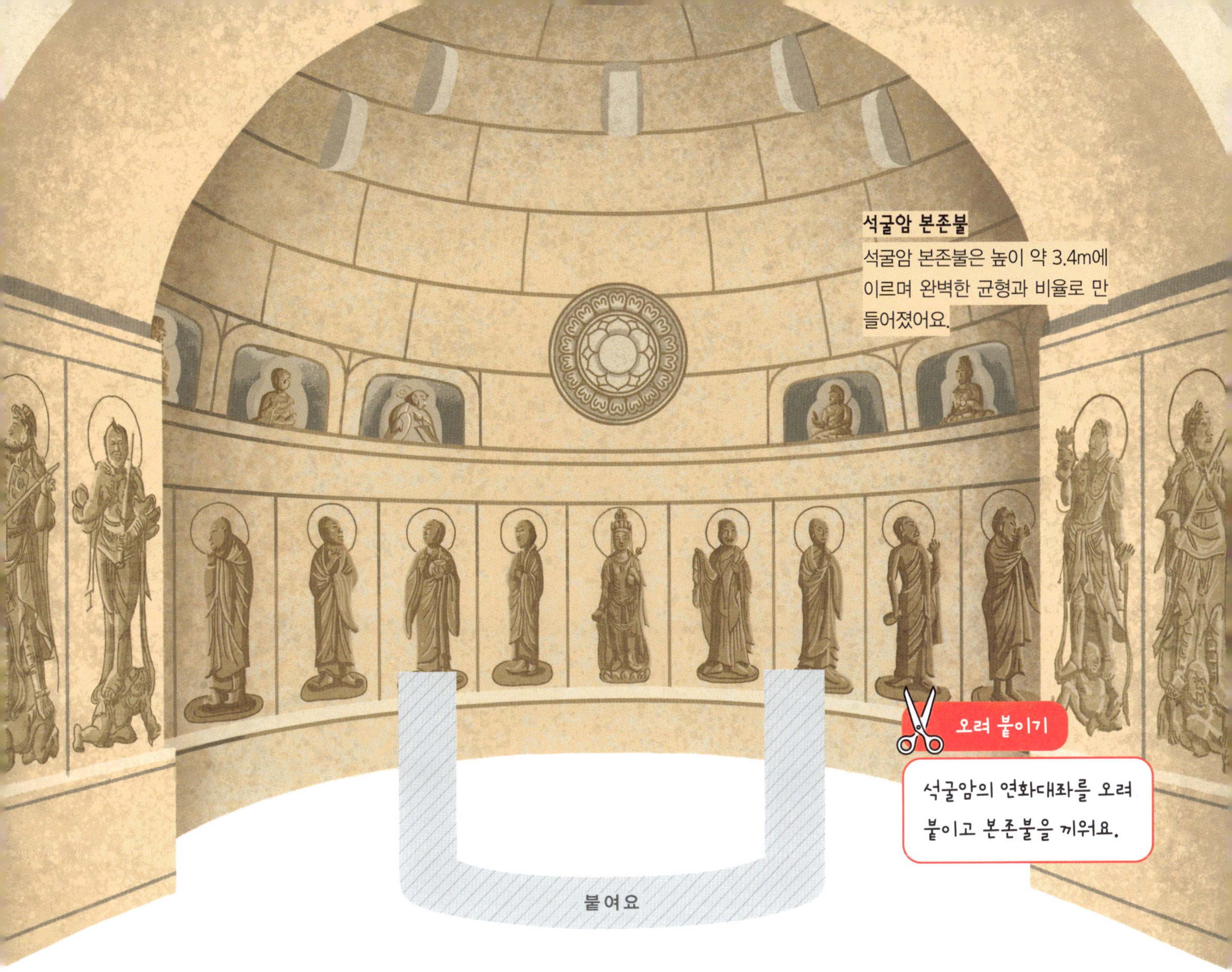

석굴암 본존불

석굴암 본존불은 높이 약 3.4m에 이르며 완벽한 균형과 비율로 만들어졌어요.

오려 붙이기

석굴암의 연화대좌를 오려 붙이고 본존불을 끼워요.

붙여요

석굴암의 본존불상은 아름답기로 유명해.
부처님의 온화한 표정을 올려다보면 마음마저 편안해지지.
본존불 주위에는 석가모니의 제자들의 조각상, 그리고 다양한 보살상 등이 둘러싸고 있는데 마치 본존불을 지키는 것 같아.
저마다 다른 자세와 표정들을 짓고 있어 살아 움직일 것만 같지.

여행+ 석굴암 내부는 문화재 보존을 위해 촬영을 금지하고 있어요.

주변 여행지 불국사, 석굴암 전망대, 토함산

석굴암의 광배는 원형이 아닌 타원형이에요. 하지만 아래에서 올려다봤을 땐 착시 효과 때문에 원형처럼 보여 더 웅장해 보여요.

괘릉
신라 제38대 왕인 원성왕의 무덤이에요. 특히 신라 시대의 완성도 높은 무덤 양식을 갖추고 있어요.

문인상과 무인상이 지키는 능

괘릉

난 신라 왕릉 중 완벽하고
아름답기로 손꼽히는 능 중 하나야.
원래 이름은 '경주 원성왕릉'이지.
난 연못을 메워서 능을 만들었단다.
원래 샘이 솟던 곳이다 보니 물이 괴어 왕의 시신을
그대로 묻을 수 없었던 거야.
그래서 양쪽에 관을 거는 장치를 만들고 거기에
관을 안치했는데 후에 나를 '걸어 놓은 무덤'이라는 뜻인
'괘릉'이라고 부르게 되었어.

문인상
문인상은 신라의 관복을
알 수 있는 자료로 쓰여요.

스티커
원성왕을 지키는 문인상과
무인상을 스티커로 붙여요.

돌사자상
능을 수호하는 임무를 맡고 있어요. 돌사자들은 각각 동서남북 방향을 보며 지키고 있어요.

능 앞에는 용맹한 돌사자 네 마리와
문인상과 무인상이 늠름하게 나를 지켜 주고 있단다.
이리 와서 무인상 얼굴을 한번 보렴.
부리부리한 눈과 큰 코, 곱슬머리에 불끈 솟은 근육.
화가 난 것 같은 이 사람은 서역인*의 모습을 하고 있지.
신라 왕을 지키는 서역인이라니 정말 신기하지 않니?
네가 생각했던 것보다 신라는 아주 개방적인 나라였단다.

*서역인 : 중국 서쪽에 있던 중앙아시아, 서아시아, 인도 등의 여러 나라 사람을 이르는 말

여행+ 괘릉은 불국사와 가까운 곳에 있으니, 불국사 구경 후에 들러 보세요.

무인상
이목구비가 뚜렷하고 곱슬머리를 한 무인상은 아라비아 사람을 닮았어요. 신라가 다른 나라와 교류를 활발히 했다는 걸 알려 주는 유적으로 평가받지요.

문무왕이 살아 숨 쉬는 절 감은사지

여기는 왜 돌밖에 없냐고?
나는 '감은사'라는 절이 있던 곳이야.
지금은 비록 주춧돌들과 커다란 두 삼층 석탑만 남았지만 말이야.
나의 이름은 '은혜에 감사하는 절'이란 뜻이란다.
뭔가 특별한 사연이 있을 것 같지 않니?
감은사는 신라 제31대 왕인 신문왕이 아버지인 문무왕의 유언을 받들며
감사하는 마음으로 지은 절이거든.
문무왕의 유언은 과연 무엇이었을까?

감은사지
신라 시대 감은사가 있던 절터예요. 신라 시대 삼층 석탑 중 가장 큰 두 탑이 있어요.

감은사는 금당 아래 돌단을 쌓아 공간을 만들었는데 그곳은 용이 된 문무왕이 오가던 길이라고 해요.

문무 대왕릉

신라 문무왕의 수중 왕릉으로 육지에서 200m 정도 떨어져 있어요. 대왕암이라고도 하죠.

오려 붙이기
대왕암과 용을 오려 붙여요.

문무왕은 부처님의 힘으로 왜구의 침입을 막고자
감은사를 지었는데 완성하지 못하고 돌아가셨어.
그래서 죽어서도 바다의 용이 되어 나라를 지키고자
동해에 장사지낼 것을 유언하셨지.
아들인 신문왕은 그 뜻을 받들어 감포 앞바다에 장사를 지냈는데
그게 바로 문무 대왕릉인 대왕암이야.
그러니 나를 보러 올 때 문무 대왕릉도 함께 들러 보렴.

여행+ 문무 대왕릉을 볼 수 있는 동해 해변은 일출 명소로 유명해요.
주변 여행지 주상 절리 전망대, 경주 감포 관광 단지

문무왕
문무왕은 신라 제30대 왕으로 김유신과 더불어 백제, 고구려를 멸망시키고 삼국 통일을 이루어 냈어요.

상상으로 둘러보는 찬란했던 사찰 황룡사지

현재의 황룡사지

여기는 동양 최대의 사찰이었던 황룡사가 있던 곳이야.
엄청난 주춧돌 크기를 보니 절도 어마어마했겠지?
원래 이곳은 진흥왕이 새로운 궁궐을 지으려고 했었는데
땅을 파 보니 나라를 지키는 황룡이 나타났지, 뭐야.
그래서 궁궐 대신 사찰을 짓고 '황룡사'라 부르게 되었어.

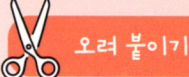 **오려 붙이기**

황룡사에 있었던 황룡사 구층 목탑을 오려 붙여요.

신라를 지킨 세 가지 보물을 '삼보'라고 해요. 삼보에는 황룡사 구층 목탑과 장륙존상, 천사가 주었다는 진평왕의 허리띠가 있는데 이 중 두 가지가 황룡사에 있었어요.

붙여요 ♥

황룡사는 신라 시대에 경주를 대표하는 최대, 최고의 사찰이었단다.

80m가 넘는 높이를 자랑하는 거대한 구층 목탑과 5m나 되는 불상까지.

고려 시대 때 몽고의 침입으로 불타지만 않았어도

경주 최고의 사찰로 남아 있었을 텐데 말이야.

그때의 황룡사가 보고 싶다면 황룡사 역사 문화관으로 가 봐.

1/10 크기지만 황룡사 구층 목탑과 절에 대한 기록을 영상으로 볼 수 있단다.

또 전망대에 올라 드넓은 나를 내려다보는 것도 아주 특별한 경험이지.

여행+ 국립 경주 박물관에서도 황룡사 복원 모형을 볼 수 있어요.

주변 여행지 분황사, 동궁과 월지, 첨성대

황룡사
진흥왕 때 짓기 시작하여 선덕 여왕 때 완성한 절로, 무려 92년간 절을 지었어요. 황룡사 벽엔 당시 유명 화가였던 솔거가 그린 소나무 그림이 있었어요. 그 그림은 실제처럼 생생해서 새들조차 쉬어 가려고 다가가다가 벽에 부딪히곤 했다고 해요.

붙여요 ★

황룡사 구층 목탑
선덕 여왕 14년에 만들어진 탑으로 기술이 뛰어난 백제의 건축 장인인 아비지를 데려와 만들었어요. 지금은 소실되어 그 터만 남아 있어요.

선덕 여왕을 위한 절 분황사

분황사 석정
이 우물에는 나라를 지키는 신비한 호국룡 세 마리가 있었다는 전설이 전해지고 있어요. 아직도 우물은 마르지 않고 차오르고 있어요.

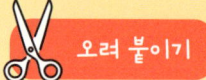

오려 붙이기
분황사의 모전석탑을 오려 붙여요.

붙여요 ♥

분황사라는 이름은 '부드럽고 향기로운 황제의 절'이라는 뜻이야.
선덕 여왕이 즉위한 뒤 3년째 되던 해에 여왕을 위해 지어진 절이지.
지금은 비록 모전석탑과 금당*인 보광전만 남아 있지만 말이야.
모전석탑은 돌을 벽돌처럼 깎아 쌓은 탑인데,
현재 남아 있는 가장 오래된 신라 석탑이란다.
본래 9층까지 있었다고 하는데 지금은 3층까지밖에 남아 있지 않아.
자, 모전석탑을 한 바퀴 빙 돌아봐.
마치 신라 시대로 돌아간 것 같지 않니?

*금당 : 절의 본당

붙여요 ⭐

분황사 모전석탑
돌을 벽돌 모양으로 다듬어 쌓은 석탑이에요. 기단의 네 모퉁이에는 돌사자상이 한 마리씩 앉아 있고, 문 양쪽에는 힘찬 인왕상 조각이 새겨져 있어요.

분황사
선덕 여왕을 위해 지어진 절로, 자장 대사와 원효 대사가 머물며 불도에 정진했어요. 황룡사와 더불어 신라 시대를 대표하는 절이었으나 고려 시대 몽고의 침입과 조선 시대 임진왜란을 겪으며 대부분의 건물이 소실되었어요.

분황사 앞을 나서면 길게 우뚝 솟은 돌기둥 두 개를 볼 수 있어.
그건 불교의 내용을 그린 깃발을 걸어 두는 당간 지주라고 해.
그런데 이 주변은 정말 특별해.
끝도 없이 넓고 아름다운 청보리밭이 펼쳐지거든.
가을이 되면 누런 황금물결 들판으로 변하니 기대할 만해.
봄바람 일렁이는 청보리밭은 언제 봐도 아름답고 싱그러워.

여행+ 매년 4월쯤 가면 청보리밭을 볼 수 있어요.
주변 여행지 황리단길, 황룡사지, 신라왕경숲

물길 따라 흐르던 술잔 포석정지

난 신라가 가장 번성했던 헌강왕 때 만들어졌어.
이곳은 어떤 곳이냐고?
가까이 와서 살펴보면 지금은 말라 버렸지만,
이 수로에 물이 졸졸 흘렀단다.
흐르는 물에 잔을 동동 띄우고 시를 읊었지.

포석정지
이곳은 의례나 연회를 열었던 '포석정'이라는 정자가 있었다고 해요. 지금은 전복 모양의 수로만 남아 있어요.

색칠하기
포석정지의 수로에 물이 있는 것처럼 색칠해요.

수로는 길이 22m, 63개의 돌을 조각해 물길을 만들었어요. 높낮이가 5.9cm로 물이 머물지 않고 흐른다고 해요.

붙여요 ♥

사람들은 동그랗게 흐르는 물길의 모습이
전복 껍데기를 닮았다고 해서 날 '포석정'이라고 불렀단다.
이곳은 아직 어떤 곳인지 정확히 알려지진 않았어.
연회를 열었다고도 하고 제사를 지냈다고도 하는데
이것도 추측일 뿐이지.
천 년 전 이곳에선 과연 어떤 일이 벌어졌을까?

여행+ 포석정지 방문자 센터에 먼저 들러 포석정에 대한 역사를 미리 알아보세요.
그리고 포석정을 복원한 모형도 있으니 술잔 띄우기 체험도 해 보세요.

주변 여행지 나정, 삼릉, 오릉, 남산

오려 붙이기
연회를 즐기던 신라인들을 오려 붙여요.

붙여요 ★

스티커
수로 아래끝엔 거북 돌을, 수로엔 술잔을 스티커로 붙여요.

뒷산의 물을 끌어다 토해 내는 거북 모양의 돌이 있었다고 해요.

지붕 없는 야외 박물관 남산

경주 여행에선 절대 빼놓아선 안 될 산! 바로 나, 남산이야.
내 곳곳엔 신라 불교의 유적과 예술품이 널려 있어서
마치 커다란 야외 박물관 같을 거야.
바위마다 새겨 놓은 불상과 발길 닿는 곳마다 만나는 석탑을
바라보고 있으면 찬란했던 신라 불교문화를 느낄 수 있단다.
이런 나를 사람들은 불교 미술의 보물 창고라고 해.

오려 붙이기
남산의 대표 불교 유적을 설명에 맞게 오려 붙여요.

마애와 선각의 뜻
- 마애: 바위에 새겨진 불상이 입체와 선으로 표현된 것을 말해요.
- 선각: 입체로 된 곳이 없고 선으로만 표현된 것을 말해요.

① 용장사곡 삼층 석탑
붙여요 ♥
용장사는 김시습이 『금오신화』를 쓰던 절인데 그 절터 뒤 산봉우리 위에 세운 탑이에요. 넓게 트인 전망과 석양이 아름답기로 유명해요.

② 용장사곡 석조여래좌상
붙여요 ★
머리가 떨어져 나가서 '목이 없는 부처님'으로 불려요. 특히 불상이 놓인 대좌는 삼층 석탑처럼 동그란 돌이 쌓여 있어서 인상적이에요.

③ 삼릉계곡 마애석가여래좌상
붙여요 ●
얼굴은 입체적인 마애로, 몸과 옷자락은 선으로 새기는 선각으로 표현했어요. 불상은 미소를 머금은 채 먼 하늘을 바라보고 있어요.

④ 부처골 감실여래좌상
붙여요 ▲
'할매부처'로 불리는 불상으로 시골 할머니처럼 푸근한 인상이 매력적인 불상이에요. 남산에서 가장 오래된 불상이기도 해요.

나는 신기하게도 부처님의 손바닥 모양을 닮았어.
금오산과 고위산 두 봉우리가 높이 솟아 있고
산골짜기마다 불교 유적이 넘쳐 나지.
또 불교를 믿었던 신라는 나를 부처가 사는
신령스러운 산으로 여기며 많은 절을 세웠단다.
이런 나를 제대로 둘러보려면
시간을 넉넉히 가지고 남산을 등산하길 추천해.
산을 오를 땐 안전을 위해 꼭 준비물을 잘 챙기렴.

여행+ 경주 국립 공원 남산 지구는 산행이 가능한 시간이 정해져 있어요.
4월~10월은 새벽 4시부터 오후 5시, 11월~3월까지는 새벽 5시부터
오후 3시까지만 입산이 가능해요.

주변 여행지 나정, 삼릉, 포석정지

남산
경주 남쪽에 위치한 산으로 산 곳곳에 절터 150여 개와 불상 118여 점, 왕릉 13개와 탑 97개 등이 있어요. 남산을 오르는 길은 여러 코스가 있는데, 그중 역사 문화 탐방로는 가장 많은 문화 유석을 볼 수 있는 탐방 구간이에요. 편도 4.6km의 코스로 3시간 정도 걸려요.

준비물

물병, 핸드폰, 편한 운동화, 등산 지팡이, 가방, 손수건, 남산 지도, 간식

우리나라 최대 전통 마을 양동마을

양동마을
조선 시대 양반가의 집이 잘 보존되어 있고 이언적, 손중돈 등 걸출한 인물을 배출했어요. 100년 이상 된 기와집이 54호, 110여 호의 초가집, 그리고 나지막한 토담들을 흔히 볼 수 있어요.

난 우리나라에서 가장 유서 깊은 전통 마을이야.

여주 이씨와 경주 손씨들이 600여 년 동안

서로 밀어주고 끌어 주며 여전히 이곳에서 살아가고 있지.

난 조선 시대 촌락의 모습이 그대로 남아 있어 마을 전체가 중요 민속자료란다.

더욱이 2010년에는 안동의 하회마을과 더불어 유네스코 세계 문화유산으로 등재되었단다.

나를 돌아다니다 보면 꼬리가 짧은 경주 개, 동경이를 만날 수 있어.

동경이는 오래전부터 경주에서 살았던 개인데 이름도 경주의 옛 이름을 따서 불렀단다.

오려 붙이기

양동마을에서 기르는 경주 개 동경이를 오려 붙여요.

경주 개 동경이
우리나라 토종개로 순발력이 좋아 사냥개로 쓰였어요. 천연기념물로 보호하고 있어요.

붙여요

만석지기 최부자를 만나는 마을 — 교촌마을

나에겐 무려 12대 동안 재산을 지켰던 최부잣집이 있어.
최부잣집은 재산만 많았던 것이 아니라 걸출한 인물도 배출하고
어려운 이웃까지 보살피며 경주에서 존경받는 가문이 되었단다.
이 가문을 보고 싶다면 최씨 고택으로 가 보렴.
그 옆에는 최부잣집에서 대대로 내려오는 술을 빚는 고택이 있는데
그곳이 바로 교동 법주를 만드는 곳이야.
교동 법주는 조선 시대 때 궁중 음식을 관장하던 최국선이
고향으로 내려와 만든 술로 지금은 경주를 대표하는 술이 되었어.

교촌마을
신라 시대 최초의 대학인 국학이 있던 곳으로 조선 시대부터 지금까지 경주 향교가 자리 잡고 있어요.

여행+ 근처에 원효 대사와 요석 공주가 사랑에 빠졌던 월정교와 요석궁이 있으니 한번 들러 보세요.

주변 여행지 월정교, 재매정, 동경이 체험관, 월성 지구

육훈(六訓) 여섯가지 행동지침
- 과거를 보되 진사 이상 벼슬을 하지마라
- 만석 이상의 재산은 사회에 환원하라
- 흉년기에는 땅을 늘리지 말라
- 과객을 후하게 대접하라
- 주변 100리 안에 굶는 사람이 없도록 하라
- 시집 온 며느리들은 3년간 무명옷을 입어라

스티커
최부잣집의 가훈을 스티커로 붙여요.

최씨 고택

진귀한 식물과 새들이 가득한 곳 동궁원

난 우리나라 최초의 동·식물원이었던 동궁과 월지를 새롭게 재현한 곳이란다.
그때의 그곳을 다시 느껴 보고 싶다면 이곳 동궁원으로 오렴.
시원하게 솟구치는 음악 분수 옆에 자리 잡은 동궁식물원은
신라 시대 한옥을 따라 만든 유리 온실이야.
따뜻한 유리 온실에는 형형색색의 희귀한 아열대 식물과
싱그러운 꽃이 무성하게 잘 자라고 있단다.
이곳에는 300년 된 보리수나무와 붉은색의 어린 새순이 피는
250년 된 붉은 원종 고무나무도 있으니 한번 둘러보길 바라.

동궁식물원
유리 온실 속에서 다양한 식물을 볼 수 있는 식물원이에요. 곤충 생태 전시관과 미로 체험을 할 수 있는 숨바꼭질 정원도 있어요.

붉은 원종 고무나무
상록 교목의 고무나무로 태국에서 자생하는 나무예요. 새잎이 붉게 나오고 잎이 크면서 녹색으로 변해요.

보리수나무
상록 교목 고무나무 종류며 높이는 30m까지 커요. 부처님이 보리수나무 아래에서 깨달음을 얻었다고 해서 신성시해요.

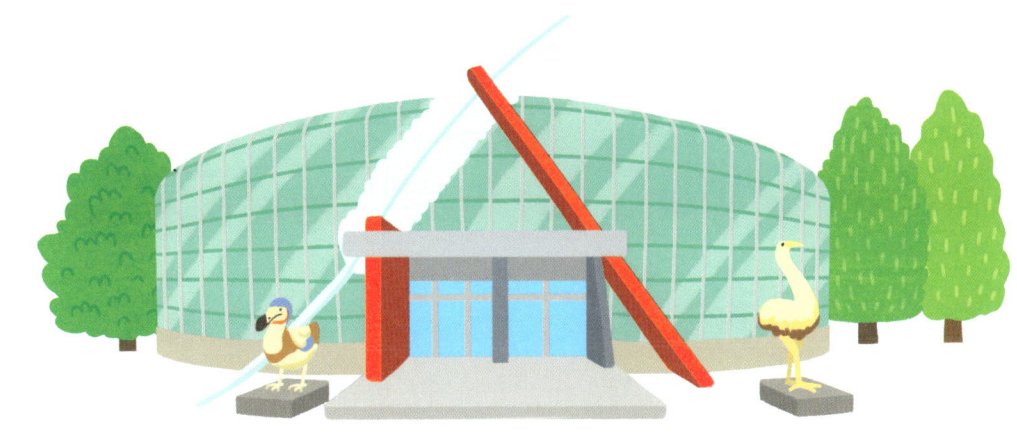

버드파크

다양한 새들을 직접 보고 만질 수 있는 체험형 테마 파크예요.

동궁식물원 옆에는 커다란 깃털이 콕 박힌 둥지 모양의 버드파크라는 곳이 있어.

이곳에 들어서면 마치 커다란 새장에 들어간 것 같아.

전 세계에서 온 희귀 새들을 눈으로 보고 손으로 만져 보며 교감할 수 있거든.

최소한의 안전장치만 빼고 모든 곳은 새들을 위한 공간이야.

250종, 900여 마리의 새들과 비단잉어, 열대어, 파충류들도 볼 수 있지.

깃털 만져 보기, 새 소리 들어 보기 같은 특별한 체험도 할 수 있어.

여행+ 동궁식물원과 버드파크는 실내로 이동이 가능하니 비가 오거나 추운 날씨에 가면 좋은 여행지예요.

주변 여행지 보문 관광 단지, 경주월드, 명활 산성

 **스티커**

다양한 색의 새들을 자유롭게 스티커로 붙여요.

경주 타워가 우뚝 솟은 경주 엑스포 대공원

흥미진진하고 재미난 경험을 원한다면 경주 엑스포 대공원으로 와!
이곳에선 1998년에 세계 최초 문화예술 박람회인 '경주 세계 문화 엑스포'를 열었단다.
그 행사를 통해 우리의 우수한 문화를 세계에 알리게 되었지.
지난 20년간 엑스포를 개최하다 지금은 다양한 전시와 영상,
공연, 체험 등을 즐기는 문화 테마 공원으로 탈바꿈했어.
재미있는 미디어 아트와 자연사 박물관, 실내 놀이터도 있으니 신나게 놀다 가렴.
참! 경주 타워를 배경으로 기념사진 찍는 것도 잊지 말고!

선 잇기
경주 엑스포 대공원의 추천 코스대로 선을 이어 보아요.

★ 경주 엑스포 대공원의 추천 코스 ★
엑스포 기념관 → 천마의 궁전 → 장보고관 → 원화 극장 → 경주 타워 → 솔거 미술관 → 자연사 박물관 → 첨성대 영상관 → 엑스포 문화 센터

경주 타워는 황룡사 구층 목탑을 본떠 만든 82m의 거대한 타워예요. 꼭대기에는 전망대도 있어요.

신라 과학 문화재를 탐구하는
신라 역사 과학관

유물과 유적이 만들어진 과정과 원리가 궁금한 친구는 여기로 와!
나는 1988년에 문을 연 아주 오래된 박물관이란다.
겉모습은 좀 낡았지만, 우리 과학 문화재의 원리와
만들어진 과정을 자세히 알려 주거든.
첨성대와 석굴암, 신라 동종 등에 대한 우수성도
다양한 모형을 통해 잘 알 수 있단다.
특히 석굴암 내부가 궁금한 친구는 고민하지 말고 놀러 와!

여행+ 유리막으로 가려진 석굴암이 아쉬웠다면 신라 역사 과학관에서 내부를 자세히 볼 수 있어요.

주변 여행지 불국사, 석굴암, 보문 관광 단지

신라 역사 과학관
신라 시대 유물뿐만 아니라 고려 시대, 조선 시대 과학 문화재도 만날 수 있고 특히 지하 전시실에는 석굴암의 모형과 복원 과정들을 만날 수 있어요.

 **오려 붙이기**

석굴암이 복원된 과정을 오려 붙여 확인해요.

붙여요

83

동해에 핀 꽃처럼
양남 주상 절리 파도소리길

난 읍천항의 벽화 마을에서
파도 소리를 따라 걸을 수 있는 해안 길이야.
화산 지역에서만 볼 수 있는 주상 절리*가 있어 더욱 특별하단다.
이곳은 위로 솟은 주상 절리뿐만 아니라 다양한 주상 절리들을 만날 수 있어.
그중에서 부채꼴 주상 절리는 세계적으로도 아주 희귀하지.
시원한 바닷바람을 맞으며 주상 절리 따라 걸어 보는 건 어떨까?

*주상 절리 : 마그마가 바닷물에 식으면서 생기는 다각형 모양의 돌기둥

주변 여행지 읍천항, 양남 주상 절리 전망대

스티커 부채꼴 주상 절리를 스티커로 붙여요.

부채꼴 모양의 주상 절리는 천연기념물이에요. 꽃이 피듯 펼쳐져 있어서 동해에 핀 한 송이 꽃이라고 해요.

양남 주상 절리 파도소리길처럼 멋진 길을 알려 달라고?
그렇다면 이곳은 어때?
아름다운 자연 속을 걸으며 즐길 수 있는 곳들이야.
자연도 즐기고 멋진 사진도 찍고!
찰칵! 멋진 인생 컷을 남겨 봐.

오려 붙이기

경주의 걷기 좋은 여행지를 오려 붙여요.

붙여요 ♥

① 감포 깍지길
사랑하는 사람과 손깍지를 끼고 바다를 걷는 길이라 '깍지길'이 되었어요. 1구간~8구간 중 4구간인 해국길은 오래된 목조 건물과 예쁜 벽화를 만날 수 있어요. 계단에 그려진 큰 해국은 최고의 포토존이에요.

붙여요 ★

② 바람의 언덕
바람을 이용해서 에너지를 만드는 풍력 발전소가 있는 곳이에요. 산 능선을 따라 모두 7기의 풍력 발전기가 가동 중이에요. 바람의 언덕은 해 질 녘이 아름다우니 전망대에서 석양을 꼭 감상해 보세요.

붙여요 ●

③ 황성 공원
천 년 전에는 신라 왕의 사냥터였고 화랑들의 훈련장이었어요. 지금은 시민들의 휴식처가 되었어요. 수백 년 된 나무들이 아름답게 우거져 있어요. 여름이면 맥문동이 활짝 피어 보랏빛으로 물들어요.

붙여요 ▲

④ 삼릉 소나무 숲
구불구불 구부러진 소나무들이 빽빽하게 자리 잡은 숲이에요. 소나무 숲을 가다 보면 신라의 세 왕인 제8대 아달라왕, 제53대 신덕왕, 제54대 경명왕이 잠든 삼릉을 만날 수 있어요.

경주에서 가장 젊고 매력적인 길 황리단길

나는 경주에서 가장 젊고 예쁜 길이야.
예전엔 '황남 큰길'로 불리던 예스러운 골목길이었는데
예쁜 카페와 식당, 아기자기한 기념품 가게 등이 생겨
전통과 현대가 공존하는 멋진 거리가 되었지.

여행+ 곳곳에 한복 대여점도 있으니, 한복을 입고 황리단길을 걸어 보세요.

주변 여행지 첨성대, 대릉원

오려 붙이기
황리단길의 예쁜 가게를 오려 붙여요.

① **황남빵**
1939년부터 만들어진 우리나라 최초의 팥빵이에요. 얇은 피에 달콤한 단팥소가 꽉 들어차 있어요.

붙여요 ♥

② **십원빵**
10원짜리 동전 뒷면에 다보탑이 새겨져 있어요. 안에는 고소한 모차렐라 치즈가 들어 있어요.

붙여요 ★

황리단길
황남동 포석로 일대를 일컫는 말로, 서울 이태원의 경리단길을 따라 만든 길 이름이에요.

③ **황남쫀드기**
쫀드기를 튀겨서 양념 가루를 뿌려 먹어요. 입 안에 넣으면 바삭 쫀득해요.

멋진 거리에 어울리는 '황리단길'이라는 멋진 이름도 생겼어.
오래된 건물과 한옥들도 잘 보존되어 있어 경주와 잘 어울리지?
여기엔 맛있는 디저트들도 많이 있으니
한번 구경하러 오지 않을래?

④ **황남옥수수**
옥수수에 튀김 가루를 묻혀 고소한 마요네즈와 매콤한 칠리를 묻혀 먹어요.

⑤ **마시멜로 아이스크림**
사각형의 마시멜로를 뜨끈하게 구워 먹는 차가운 아이스크림이에요.

먹거리와 특산물이 넘치는 시장
경주 성동 시장

여행의 즐거움 중 하나는 전통 시장 구경하기지!

그러니 경주 성동 시장도 꼭 들러 줘.

나는 경주 중심가에서 가장 큰 시장으로 점포가 550여 개 정도나 있어.

이곳엔 채소, 과일, 건어물 등 그야말로 없는 게 없는 경주의 대표 시장이란다.

시장엔 늘 다양한 먹거리와 특산물이 넘쳐 나는데,

김밥, 떡볶이, 순대를 파는 '분식 골목'은 특히 인기야.

우엉김밥과 찰순대는 이곳의 명물이니 꼭 먹어 보길 바라!

여행+ 가마솥치킨은 한 텔레비전 프로그램에서 달인으로 인정받았으니 한번 먹어 보세요!

주변 여행지 대릉원, 첨성대, 경주읍성

 **스티커**
경주 성동 시장에서 맛볼 수 있는 음식을 스티커로 붙여요.

경주의 밤을 밝혀 주는 경주 중앙 시장 야시장

난 100여 년 전부터 있었던 경주에서 가장 오래된 전통 시장이란다.
처음에 오일장으로 운영되다가 정식 시장이 되었지.
하지만 여전히 2일과 7일로 끝나는 날엔 오일장이 서고 있으니
한번 구경 오지 않을래?
이곳엔 경주 토속 음식인 토막 낸 상어 고기, 돔배기도 살 수 있단다.
참! 2016년부터는 야시장도 열어서 경주의 밤을 밝히고 있어.
한옥을 닮은 판매대에서는 갖가지 맛있는 먹거리를 사 먹을 수 있단다.
특히 '만 원의 행복'이라는 쿠폰을 구매하면
먹고 싶은 4가지 메뉴를 담아 맛볼 수 있으니
꼭 이용해 보길 바라!

오려 붙이기
만 원의 행복 그릇에 야시장 음식을 오려 붙여요.

여행+ 인기 음식은 빨리 품절이 되니 일찍 와서 둘러보세요. 야시장 시간은 18:00~23:00까지예요.

주변 여행지 금관총, 대릉원, 황리단길

붙여요

꼭 먹어 봐야 할 경주 음식

천년 고도 경주에는 어떤 음식들이 유명할까?
생각보다 경주에는 맛있는 음식들이 아주 많단다.
경주가 우리나라 최대 한우 생산지인 건 알고 있니?
그래서 맛 좋은 한우로 만든 음식이 많아.
경주 한우로 만든 음식은
꼭 먹어 보길 바라!

 스티커

경주 음식과 특산품을 스티커로 붙여요.

곤달비 비빔밥
곰취를 닮은 말린 경주산 곤달비가 가득 담긴 비빔밥

경주 천년한우
최대 한우 생산지에서 키운 맛 좋은 친환경 소고기

메밀묵 해장국
메밀묵에 콩나물, 신김치, 모자반이 올라간 시원한 해장국

한우 물회
경주 한우로 만든 육회가 올라간 새콤달콤한 차가운 국수

찰보리빵
경주에서 나는 찰보리 가루로 만든 쫀득쫀득한 빵

경주 쌈밥
경주 쌀로 만든 밥에 집 된장과 갖가지 쌈 채소를 곁들여 먹는 음식

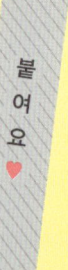
붙여요 ♥

또 경주는 형산강 주위로 넓고 비옥한 경주평야가 펼쳐진단다.
이곳에서 생산된 쌀은 맛 좋고 질 좋기로 유명해.
경주 쌀로 만든 쌈밥과 김밥, 한정식도 꼭 먹어 보렴.
고소한 밥맛이 정말 꿀맛일 거야.
과일의 여왕이라고 불리는 체리도 경주에서 제일 많이 나.
달콤새큼한 체리도 따 먹고 체리 빙수도 꼭 먹어 보길 바라!

경주 콩국
쫄깃한 찹쌀 도넛을 잘라 넣은 부드러운 콩국

교동 법주
최부잣집에서 대대로 빚어온 경주 전통주

경주 쌀
경주평야에서 난 밥맛 좋은 쌀

교리김밥
얇게 부친 계란 지단이 듬뿍 들어간 폭신한 식감의 김밥

경주 밀면
면을 밀로 만들어 부드럽고 새콤달콤한 국수

식혜
엿기름과 밥알로 만든 경상도식 달짝지근한 전통 음료

체리 빙수
5월~6월에 먹을 수 있는 경주산 체리가 듬뿍 올라간 빙수

경주 체리
새콤달콤한 친환경 국내산 체리

붙여요 ★

✂ 오려 붙이기

경주 음식에 감탄하는 친구를 오려 붙여요.

경주 여행은 어땠나요?

경주에 더 머물고 싶다고요?

아쉽지만 이젠 집으로 돌아갈 시간이에요.

집으로 돌아가서 지난 경주 여행을 돌이켜 보세요.

경주에서 찍은 사진과 입장권들을 붙이며

나만의 여행 앨범을 만들어 보는 건 어때요?

재밌게 모아온 투어 스탬프도 예쁘게 정리하는 것도 좋겠죠?

타임머신을 타고서 다시 경주로 되돌아온 것처럼 흥미진진할 거예요.

그 추억들이 다시 시작되는 일상을 즐겁게 해줄 거랍니다.

이제 경주와 '안녕'을 한 시간이에요.
창밖으로 보이는 경주를 향해 손을 흔들어 보세요.
"잘 있어! 경주야! 또 만나자!"

교외체험학습 신청서·보고서 잘 쓰는 법

가족들과의 여행을 가기 위해 학교 수업을 빠져야 한다면 미리 '교외체험학습 신청서'를 선생님께 제출해야 해요. 교외체험학습 신청서와 보고서를 제출하면 학교장의 허가하에 연간 최대 20일까지 인정 결석 처리를 받을 수 있거든요.

Step 1 교외체험학습 신청서 쓰기

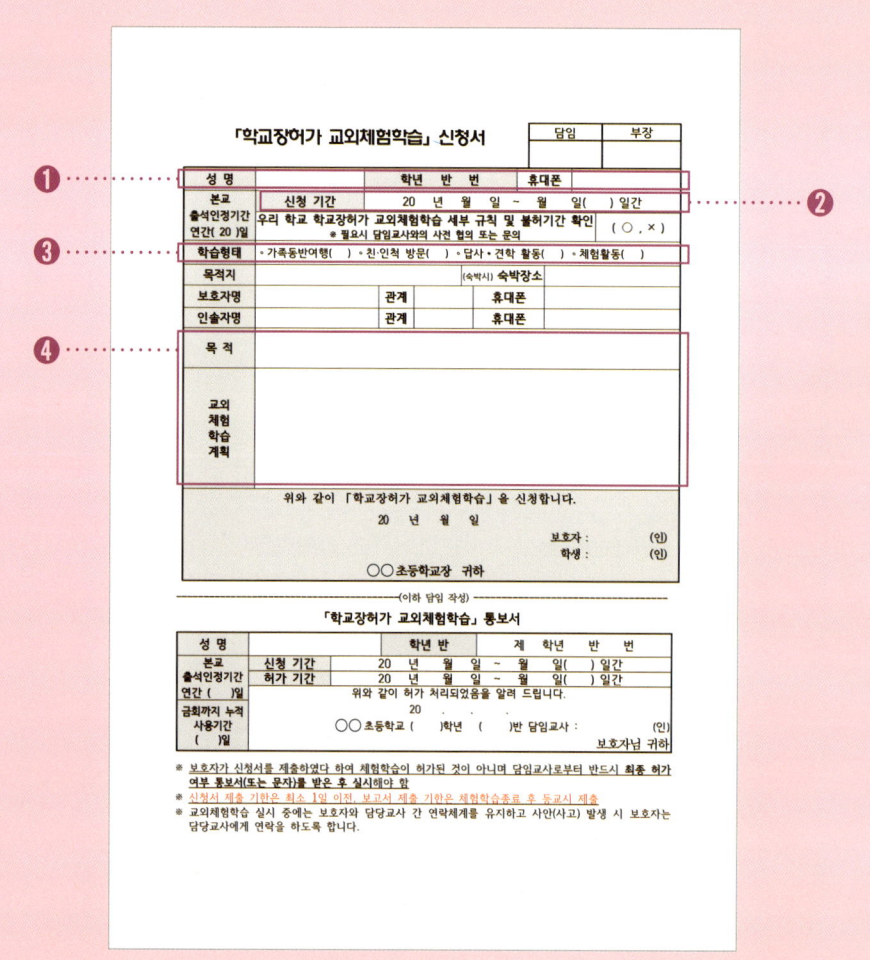

교외체험학습 신청서는 각 학교의 양식에 맞춰서 학교에 출석하지 않는 기간 동안
어떤 체험 학습을 할지에 대한 계획을 간단히 작성하면 돼요.
언제 누구와 어디에서 무엇을 할 계획인지를 적는 거예요.
신청서는 행사 3일 전까지 선생님께 제출하는 게 좋은데,
늦어도 하루 전날까지는 반드시 제출해야 해요.
경주로 가족과 여행을 갈 경우, 신청서는 어떻게 작성하면 될까요?

❶ 이름, 학년, 반, 번호 등 개인정보 등을 작성해요.

❷ '신청 기간'은 여행 기간을 적는 거예요.

그런데 '[(   )일간]'에 쓰는 날짜는 등교해야 하는 날만 적어요.
예를 들어 6월 1일부터 6월 5일까지 여행을 간다면 총 5일이지만
중간에 토요일, 일요일이 들어 있다면 휴일을 뺀 총 3일만 적으면 되는 거예요.

❸ 교외체험학습 목적에 맞는 '학습 형태'에 ○를 해요.

❹ '목적'과 '교외체험학습 계획'은 어떻게 써야 할까요?

'목적'으론 경주 여행을 통해 얻게 될 학습 내용 중심으로 적으면 좋아요.
'교외체험학습 계획'엔 가게 될 장소를 다 적을 수는 없으니,
대표적인 것 위주로 3개~4개 장소 정도를 적으면 돼요.

다른 친구들은 어떻게 작성했는지, '예시'를 보고 참고하세요.

예시 1

목적	경주 여행을 통해 경주의 자연과 문화, 역사를 체험하며 가족 간의 화합을 다진다.
교외 체험 학습 계획	★ 불국사 탐방 : 대표 유적인 불국사를 탐방하여 경주의 문화와 역사를 체험한다. ★ 국립 경주 박물관 등 다양한 역사 박물관 관람 : 경주 역사를 한눈에 볼 수 있는 박물관을 통해 신라 역사를 제대로 이해하는 기회를 가진다. ★ 보문 관광 단지 탐방 : 경주의 대표적인 관광 휴양지를 체험하고 즐긴다.

예시 2

목적	가족과 함께 신라의 문화와 자연환경에 관해 공부할 계획입니다.
교외 체험 학습 계획	★ 남산 자연 역사 탐방 : 남산을 오르며 그곳에 산재한 불교 유적을 통해 신라의 문화와 역사에 대해 알아봅니다. ★ 양동마을 탐방 : 조선 시대 사람들의 생활 모습이 살아있는 양동마을을 탐방하여 옛 조상들의 생활을 직접 체험하고 상상해 봅니다. ★ 양남 주상 절리 파도소리길 탐방 : 도시 외곽의 바다를 탐방하여 다양한 주상 절리를 체험하고 경주의 문화와 자연환경에 대해 알아봅니다.

Step 2 교외체험학습 보고서 쓰기

여행을 다녀온 후 교외체험학습 보고서를 써야 해요.

여행지에서 보고 듣고 느낀 점을 간단히 쓰면 되지요. 보고서는 체험을 끝낸 뒤 등교 시 바로 제출하는 게 제일 좋아요. 아니면 7일 안에는 꼭 담임 선생님께 제출해요.

그럼 보고서는 어떻게 쓰면 좋을까요?

❶ 이름, 학년, 반, 번호 등 개인정보 등을 작성해요.

❷ '교외체험학습 기간'은 여행 기간을, '교외체험학습 장소'는 방문했던 장소의 이름을 적으면 돼요.

❸ 교외체험학습 목적에 맞는 '학습 형태'에 ○를 해요.

❹ '제목'은 여행지에서 기억에 남는 것을 제목으로 쓰면 좋아요.

보고서는 여행을 통해 보고, 듣고, 느끼고 배운 점을 글과 그림 등으로 기록하는 것이에요. 저학년 친구들은 간단히 그림을 그리고 한두 줄 정도 짧은 감상을 적고, 고학년 친구들은 인상 깊었던 것을 떠올리며 구체적으로 생생하게 글을 쓰면 좋아요. 또한 보고서와 함께 사진, 입장권, 팸플릿 등을 붙여서 제출하면 더 좋겠지요?

무엇보다 가장 중요한 것은 내가 느낀 점을 스스로 써보는 것이에요!

그럼 다른 친구들은 어떻게 보고서를 작성했을까요?

예시 1

| 제목 | 경주 가족 여행 |

첫째 날, 석굴암과 유적지들
통일 신라 시대에 김대성이 창건한 석굴암을 탐방했어요.
화강암을 다듬고 쌓아서 법당을 만들고,
흙을 덮어서 굴처럼 보이게 만든 인공 석굴이란 사실을 처음 알았어요.

둘째 날, 남산 탐방
남산 탐방은 하루가 꼬박 걸렸어요. 산 곳곳에 새겨진 석불 등을 보면서
신라인들의 솜씨에 감탄했어요.

셋째 날, 국립 경주 박물관
가족들과 국립 경주 박물관 등 다양한 박물관을 구경했어요.
박물관엔 신기한 유물들이 많았는데, 그것에 대해
부모님과 이야기를 나누며 대화할 수 있어서 더 좋았어요.

예시 2

| 제목 | 타임머신을 탄 것처럼 신비했던 경주 여행 |

★ 불국사

사진으로만 보던 불국사의 다보탑과 석가탑을 직접 보았다.
옛날에 만들어진 탑과 절을 볼 수 있단 것이 신기했다.
관련 유적들에 대해 설명글도 꼼꼼히 읽다 보니
신라 시대로 돌아간 것 같은 착각이 들기도 했다.

★ 양동마을

가족과 함께 신기한 마을에 다녀왔다. 양동마을인데 조선 시대의 전통문화와
자연이 고스란히 간직된 마을이었다. 그날 밤은 가족과 양동마을에서 잤는데,
밤하늘에서 별이 쏟아질 듯 반짝이는 걸 봤다.

★ 황룡사지

경주에서 가장 기억에 남는 장소 중의 한 곳은 황룡사지였다.
황룡사는 옛날에 불탔기 때문에 그 터만 남아 있다.
그래서 처음 봤을 땐 절도 탑도 없는 빈터가 너무 쓸쓸했다.
하지만 '이곳에 있었을 절과 탑을 상상해 봐!'라는 엄마의 말에
그 모습을 천천히 상상해 보았다.
그랬더니 아주 멋진 절과 탑이 눈앞에 그려졌다.
마치 과거로의 신기한 상상 여행을 한 것 같은 느낌이었다.

가족과 함께 가면 좋은 추천 여행지

 **능**

경주 대릉원 경주시 황남동 31-1

경주 오릉 경주시 탑동

괘릉(원성왕릉) 경주시 외동읍 괘릉리

무열왕릉 경주시 서악동 842

문무 대왕릉 경주시 문무대왕면 봉길리 30-1

선덕 여왕릉 경주시 보문동 산79-2

진평왕릉 경주시 보문동 608

탈해왕릉 경주시 동천동 산17

흥덕왕릉 경주시 안강읍 육통길 190-26

 **유적지**

경주 계림 경주시 교동

경주 나정 경주시 탑동 700-1

경주 서출지 경주시 남산동 974-1

경주 월성 경주시 인왕동 438-2

경주 감은사지 경주시 문무대왕면 용당리 17

동궁과 월지 경주시 원화로 102

명활성 경주시 보문동 산12

분황사 경주시 분황로 94-11

불국사 경주시 불국로 385 불국사

석굴암 경주시 석굴로 238

석빙고 경주시 인왕동 449-1

월정교 경주시 교동 274

재매정 경주시 교동

첨성대 경주시 인왕동 839-1

포석정지 경주시 배동 454-3

황룡사지 경주시 구황동 772

 **민속 마을**

교촌마을 경주시 교촌길 39-2

양동마을 경주시 강동면 양동리 125

서원

동강서원 경주시 강동면 유금강정길 40-25

옥산서원 경주시 안강읍 옥산서원길 216-27

운곡서원 경주시 강동면 사라길 79-13

 **박물관**

경주세계자동차박물관 경주시 보문로 132-22

경주엑스포대공원자연사박물관 경주시 경감로 614

국립경주박물관 경주시 일정로 186

동리목월문학관 경주시 불국로 406-3 동리목월문학관

황룡사지황룡사역사문화관 경주시 임해로 64-19

 **체험·전시**

경주 동궁식물원 경주시 보문로 74-13

경주 버드파크 경주시 보문로 74-14

경주루지월드 경주시 천북남로 16

경주월드 경주시 보문로 544

경주허브랜드식물원 경주시 양북면 장항리 589-3

불국사 템플스테이 경주시 갓거랑길 13-7

송대말등대 빛체험전시관 경주시 감포읍 감포로 226-19

양남카트체험장 경주시 양남면 동남로 856

전통명주전시관 경주시 문무대왕면 명주길 154

 **자연**

건천 편백나무숲 경주시 건천읍 송선리 산 166-1

경상북도산림환경연구원 경주시 통일로 367

남산 경주시 배동

도리마을 은행나무 숲 경주시 서면 도리 954-3

삼릉 솔숲 경주시 배동 산 73-1

 **공원**

경주국립공원 경주시 내남면 비지리

경주엑스포대공원 경주타워 경주시 경감로 614

경주천년숲정원 경주시 통일로 366-4

금장대 경주시 석장동 산38-8

 **바다**

감포 송대말 등대 경주시 감포읍 척사길 18-94

감포항 경수시 감포읍 감포리

관성솔밭해변 경주시 양남면 수렴리

나정고운모래해변 경주시 감포읍

봉길대왕암해변 경주시 양북면 봉길리

오류고아라해변 경주시 감포읍

읍천항 경주시 양남면 읍천리 195-19

전촌솔밭해변 경주시 감포읍 전촌리

정답과 출처

쓰기&선 잇기 정답

16쪽: 자신의 이름을 써 보아요.

22쪽: 서라벌, 금성 등 경주의 옛 이름을 써 보아요.

78쪽: 추천 코스를 따라 선을 이어요.

사진 출처

본 책과 만들기 책에 쓰인 사진은 개방한 저작물을 사용하였습니다.
해당 저작물은 경주시청 〉 경주문화관광, 국립민속박물관에서 무료로 내려받으실 수 있습니다.
그 외에 사진은 모두 셔터스톡에서 내려받았습니다.

10쪽: 면적 – ⓒtrabantos
11쪽: 날씨 – ⓒStock for you
11쪽: 인구 – ⓒaaron choi
11쪽: 경제 – ⓒTom PJ
12쪽: 유네스코 세계 유산 – ⓒMali lucky
13쪽: 석굴암 – ⓒStock for you
13쪽: 신라 – ⓒ경주시
13쪽: 국보 – ⓒJohnathan21
14쪽: 토우 – ⓒ경주시
15쪽: 황리단길 – ⓒfukez84
15쪽: 경주 개 동경이 – ⓒ경주시
47쪽: 주령구 – ⓒ국립민속박물관

저자 소개

글 **이향안**

『별난반점 헬멧뚱과 X사건』으로 웅진주니어 문학상 대상을 받았어요. 그동안『앵무새 초록』,『그 여름의 덤더디』,『팥쥐 일기』,『나도 서서 눌 테야!』,『수리수리 셈도사 수리』,『광모짝 되기』,『마법에 걸린 학교』등의 책을 썼어요. 글을 쓴 그림책으론『마법 시장』,『어느날 우리 집에』,『꼬마 이웃 미루』등이 있어요.

그림 **안아영**

그림 그리기와 만드는 것을 좋아하는 일러스트레이터예요. 사랑하는 아이들에게 보여 주고 싶은 아름다운 세상을 그림을 통해 보여 주기 위해 그림을 그리고 있습니다.

내 손으로 완성하는 **어린이 여행 플랩북**

나의 멋진 경주

지은이 이향안
그린이 안아영
펴낸이 정규도
펴낸곳 (주)다락원

초판 1쇄 발행 2023년 08월 10일
초판 3쇄 발행 2025년 05월 07일

편집총괄 최운선
책임편집 김지혜
디자인 지완

주소 경기도 파주시 문발로 211
내용문의 (02) 736-2031 내선 272
구입문의 (02) 736-2031 내선 250~252
Fax (02) 732-2037

출판등록 1977년 9월 16일 제406-2008-000007호

Copyright © 2023, 이향안

저자 및 출판사의 허락 없이 이 책의 일부 또는 전부를 무단 복제·전재·발췌할 수 없습니다. 구입 후 철회는 회사 내규에 부합하는 경우에 가능하므로 구입 문의처에 문의하시기 바랍니다. 분실·파손 등에 따른 소비자 피해에 대해서는 공정거래위원회에서 고시한 소비자 분쟁 해결 기준에 따라 보상 가능합니다. 잘못된 책은 바꿔 드립니다.

ISBN 978-89-277-4791-8 73980

http://www.darakwon.co.kr
다락원 홈페이지를 통해 인터넷 주문을 하시면 자세한 정보와 함께 다양한 혜택을 받으실 수 있습니다.

28쪽 신라와 박혁거세

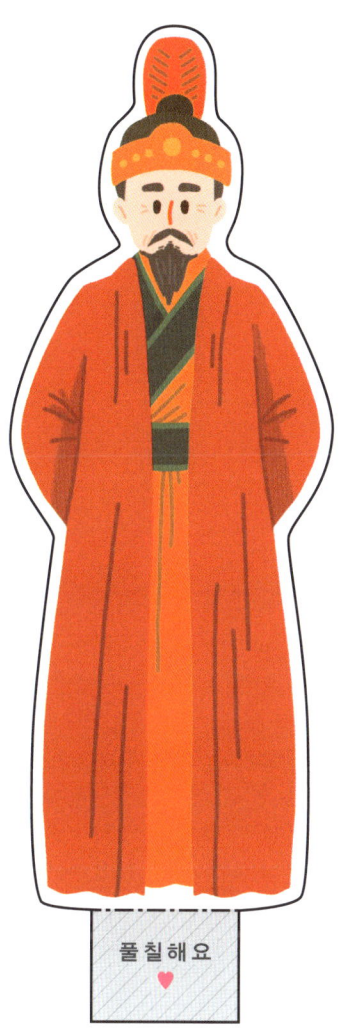

29쪽 경주 사투리와 숙소

31쪽 경주의 여름

32쪽 경주의 가을

36쪽 비단벌레 전기차

41쪽 첨성대

42쪽 월성

43쪽 월성

풀칠해요

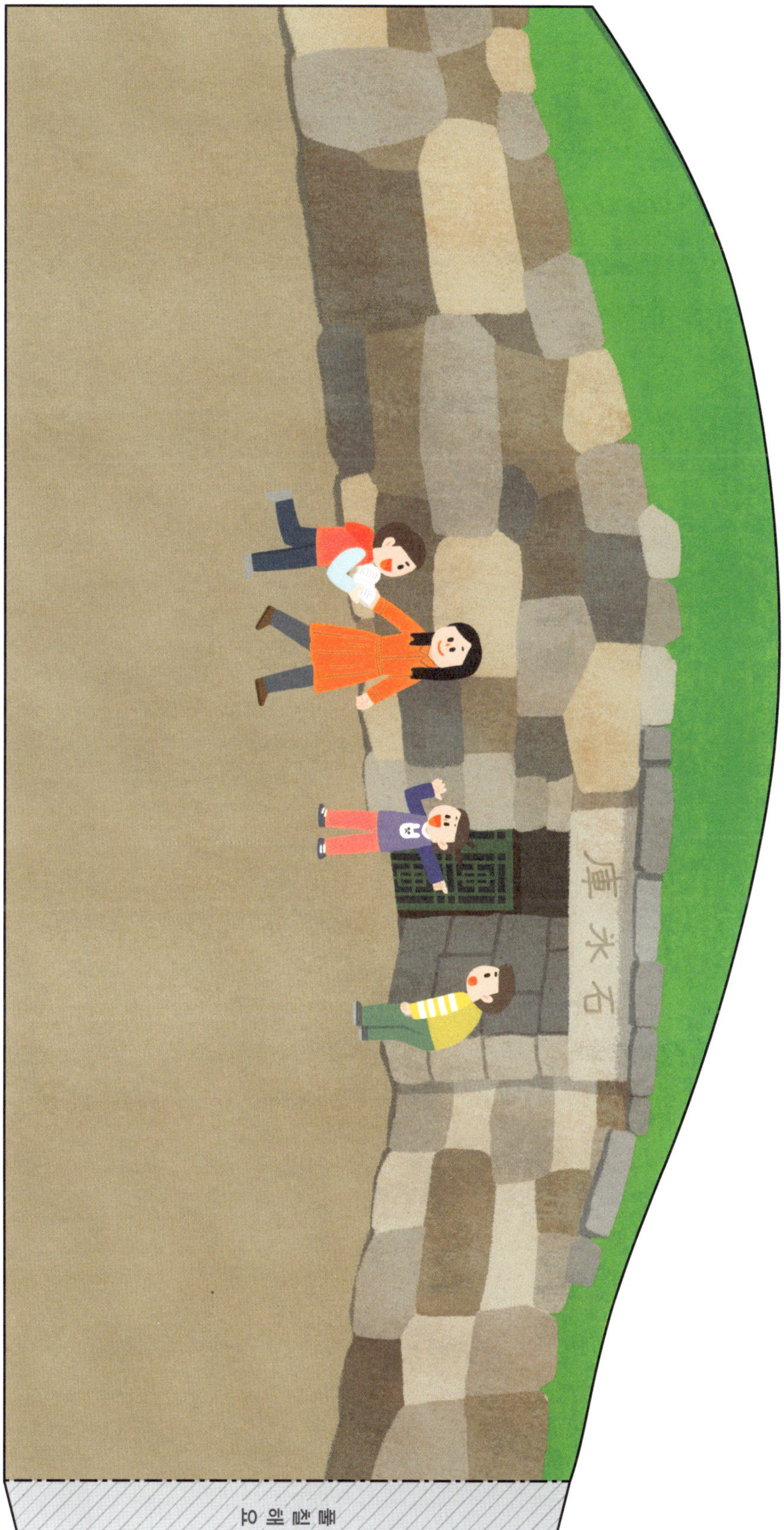

44쪽 계림

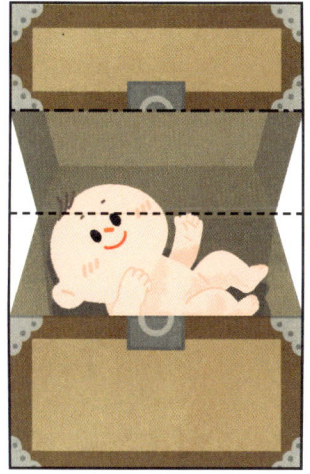

45쪽 명활 산성

풀칠해요

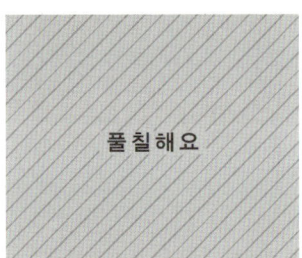

46쪽 동궁과 월지

50쪽~51쪽 성덕 대왕 신종과 신라대종

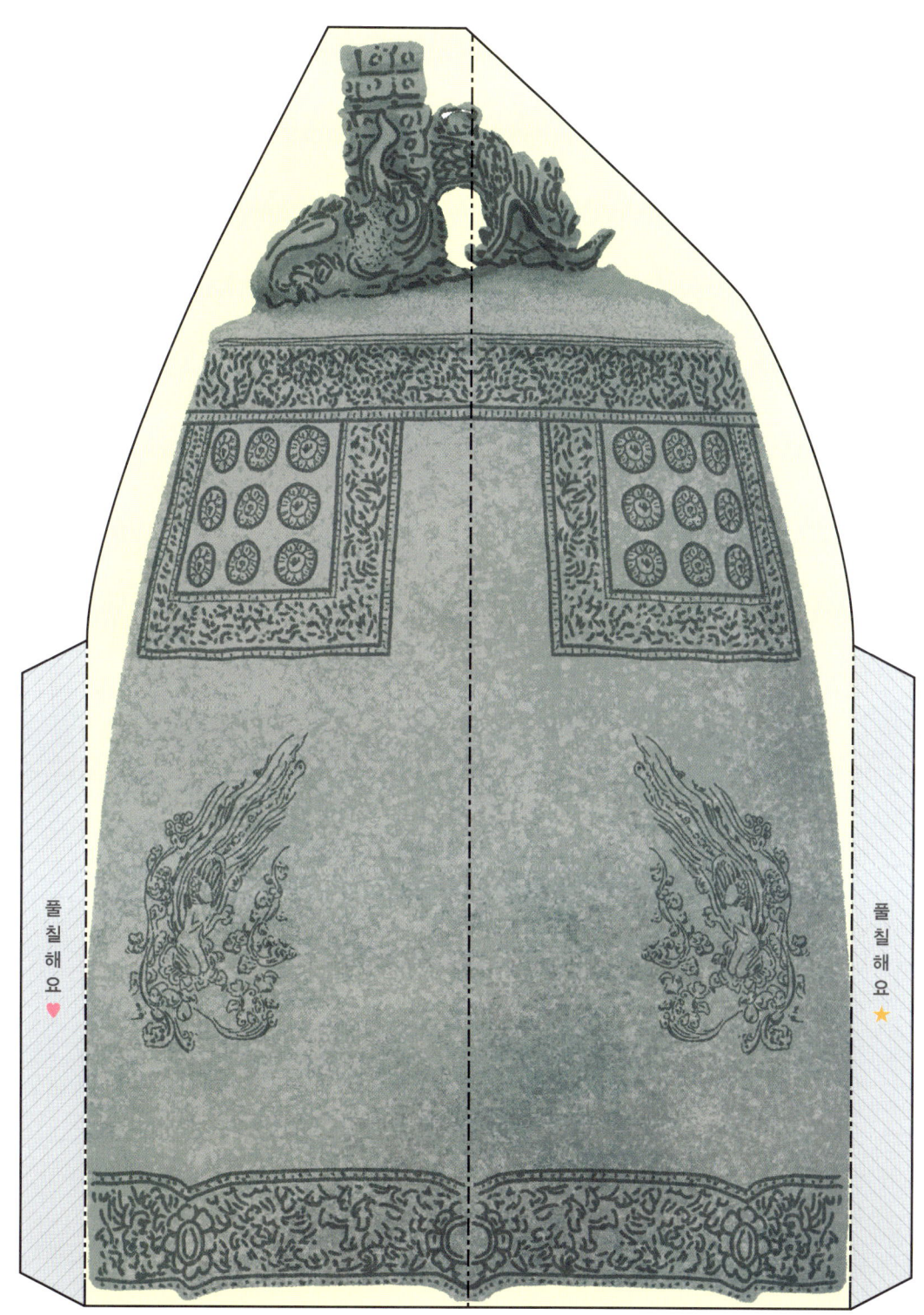

53쪽 대릉원

풀칠해요

54쪽 대릉원

풀칠해요

15

55쪽 대릉원

풀칠해요 ♥

풀칠해요 ★

풀칠해요 ●

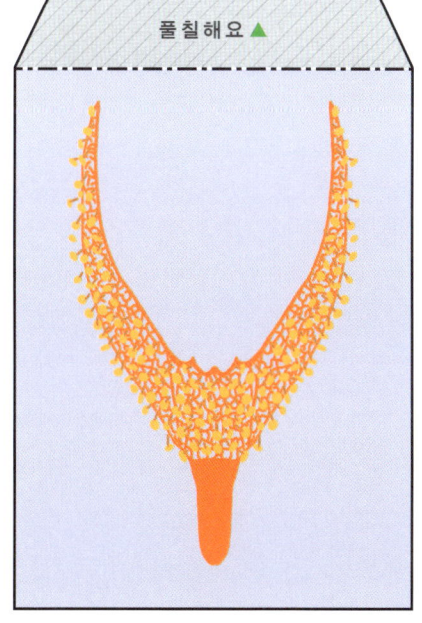
풀칠해요 ▲

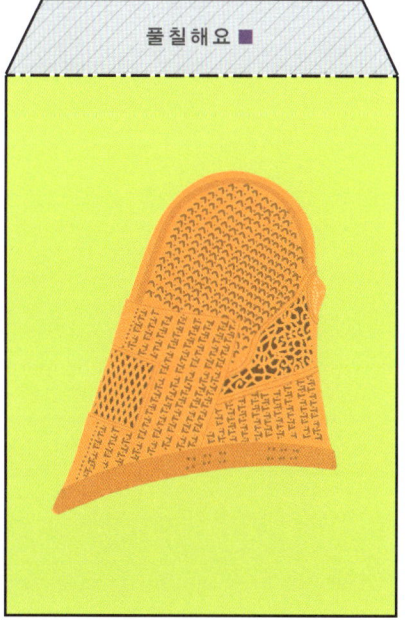
풀칠해요 ■

57쪽 무열왕릉

풀칠하기

62쪽~63쪽 불국사

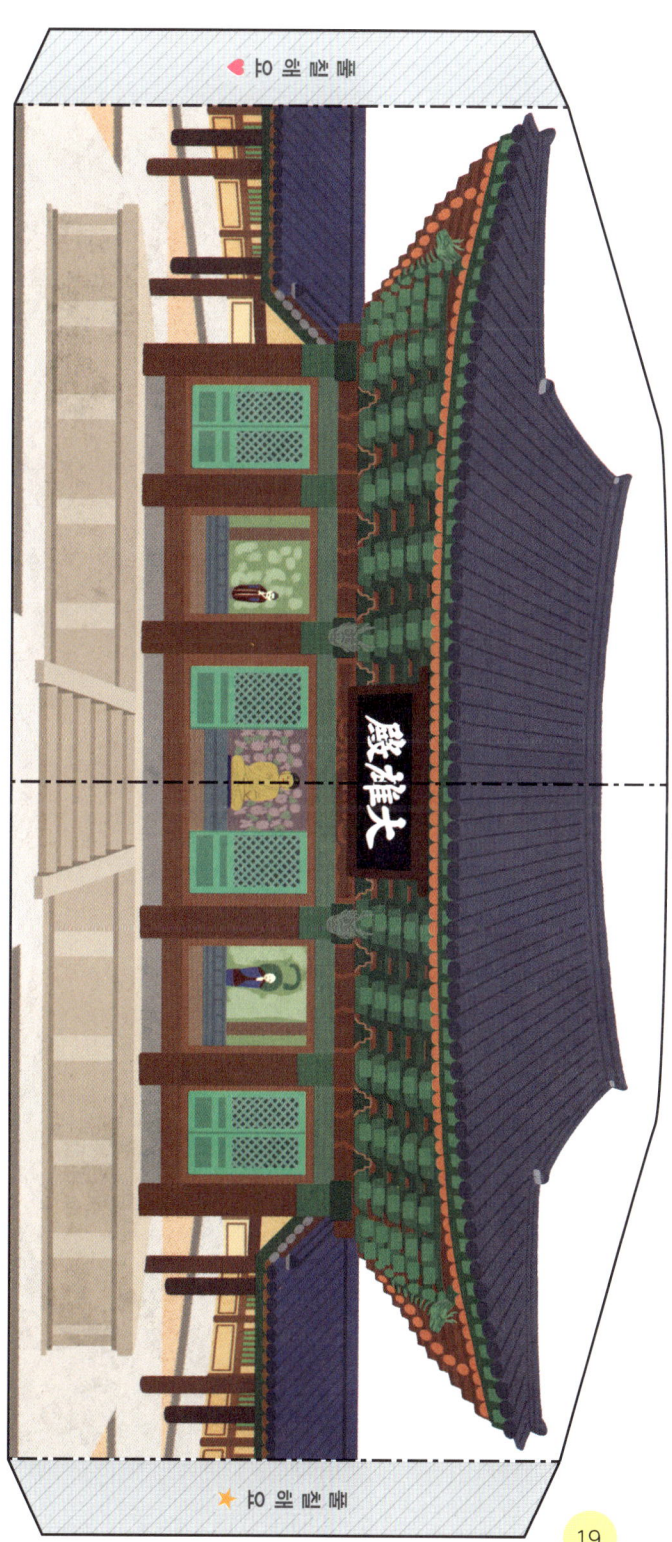

`62쪽~63쪽` 불국사

풀 칠 하 기 ●

풀 칠 하 기 ▲

`65쪽` 석굴암

끼워요

69쪽 감은사지

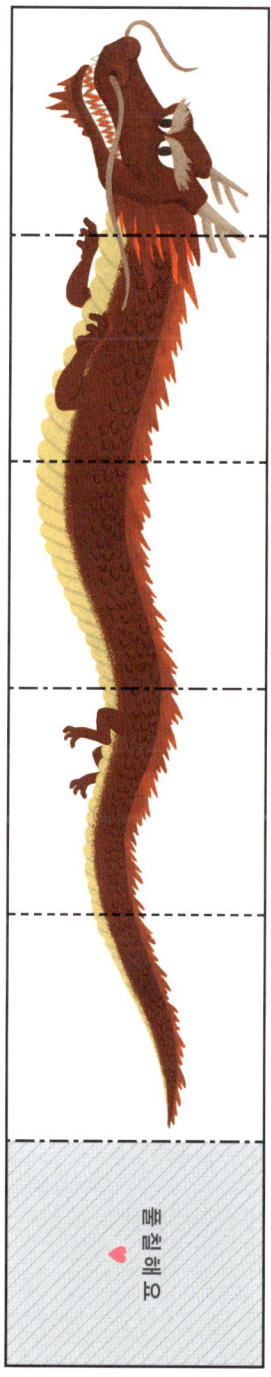

70쪽~71쪽 황룡사지

72쪽~73쪽 분황사

74쪽~75쪽 포석정지

76쪽 남산

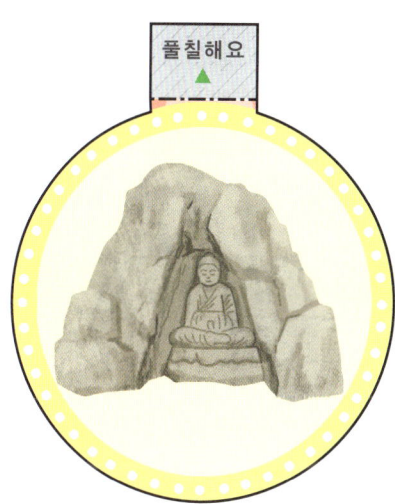

78쪽 양동마을

83쪽 신라 역사 과학관

① 누군가 석굴암을 파손 해서 복구 공사를 시작했어요.

③ 석굴암을 세척하고 보수 공사를 했지만, 여전히 습기가 해결되지 않았어요.

풀 칠해요

② 석굴암에 공기 순환이 되지 않아 이끼가 끼어버렸어요.

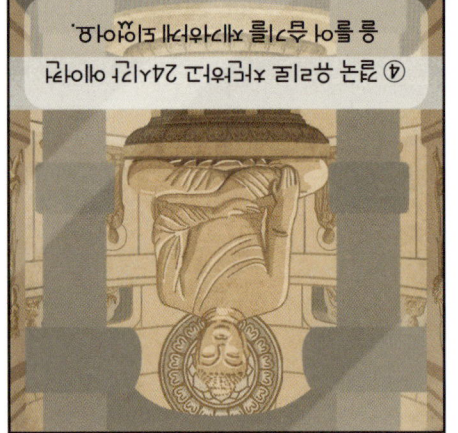

④ 결국 유리를 차단하고 24시간 에어컨을 틀어 습기를 제거하기 시작했어요.

85쪽 양남 주상 절리 파도소리길

86쪽~87쪽 황리단길

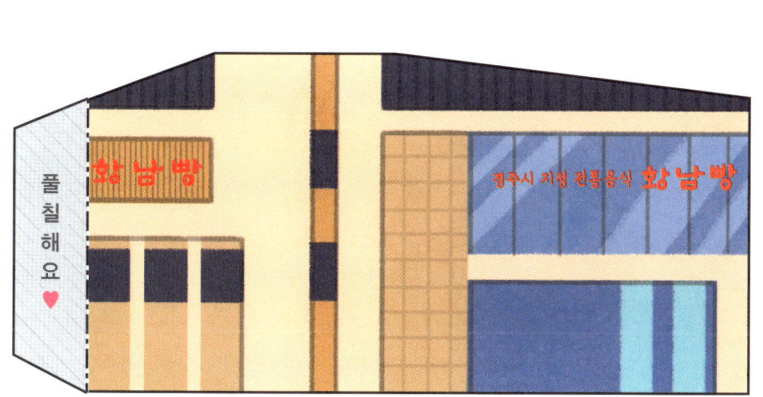

89쪽 경주 중앙 시장 야시장

90쪽~91쪽 경주 음식

48쪽~49쪽 국립 경주 박물관

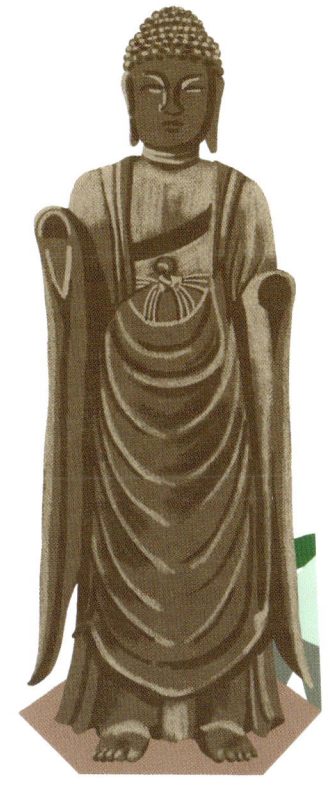

52쪽 대릉원

56쪽 오릉

58쪽 김유신묘

59쪽 화랑 마을

-세속오계-
사군이충 - 충성으로써 임금을 섬긴다.
사친이효 - 효도로써 어버이를 섬긴다.
교우이신 - 믿음으로써 벗을 사귄다.
임전무퇴 - 싸움에 임해서는 물러남이 없다.
살생유택 - 산 것을 죽임에는 가림이 있다.

60쪽 불국사

66쪽~67쪽 괘릉

74쪽~75쪽 포석정지

79쪽 교촌마을

육훈(六訓) 여섯가지 행동지침
- 과거를 보되 진사 이상 벼슬을 하지마라
- 만석 이상의 재산은 사회에 환원하라
- 흉년기에는 땅을 늘리지 말라
- 과객을 후하게 대접하라
- 주변 100리 안에 굶는 사람이 없도록 하라
- 시집 온 며느리들은 3년간 무명옷을 입어라

81쪽 동궁원

| 84쪽 | 양남 주상 절리 파도소리길 |

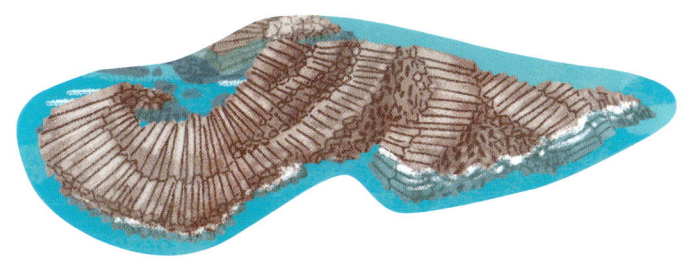

| 88쪽 | 경주 성동 시장 |

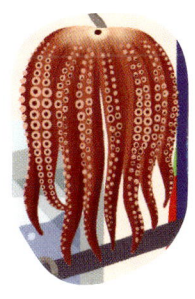  

| 90쪽~91쪽 | 경주 음식 |

 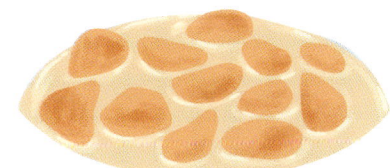